管理者前瞻性行为研究

张健东　曲小瑜◎著

国家一级出版社　中国纺织出版社　全国百佳图书出版单位

内 容 提 要

本书以企业中的高中层管理者为研究对象，尝试整合跨越管理学、领导学、心理学三个领域关于管理者前瞻性行为的研究成果，从多个角度全面探讨前瞻性行为的影响因素、自身测量和结果应用，以期为管理者个人行为研究提供新方向并将研究成果有效应用于管理实践。本书可以为企业管理者前瞻性行为的开展提供参考，也可供高校师生、科研机构、政府相关部门借鉴。

图书在版编目（CIP）数据

管理者前瞻性行为研究 / 张健东，曲小瑜著. —北京：中国纺织出版社，2017. 9（2022.4 重印）

ISBN 978-7-5180-3801-5

Ⅰ. ①管… Ⅱ. ①张… ②曲… Ⅲ. ①企业管理—研究 Ⅳ. ① F272

中国版本图书馆 CIP 数据核字（2017）第 169342 号

策划编辑：曹炳镝　　责任印制：储志伟

中国纺织出版社出版发行

地址：北京市朝阳区百子湾东里 A407 号楼　邮政编码：100124

销售电话：010—67004422　传真：010—87155801

http: //www.c-textilep.com

E-mail: faxing@c-textilep.com

中国纺织出版社天猫旗舰店

官方微博http: //weibo.com/2119887771

佳兴达印刷（天津）有限公司印刷　各地新华书店经销

2017 年 9 月第 1 版　2022 年 4 月第 5 次印刷

开本：710 × 1000　1/16　印张：11. 5

字数：139 千字　定价：58. 50 元

前 言

管理者前瞻性行为是企业应对现实环境变化的必然要求，本文在探索性案例分析结论的基础之上，开发管理者前瞻性行为测量具表，量表具有良好的信度和效度。在对管理者前瞻性行为进行初步维度划分，并经过实证研究成果的全面检验后发现，管理者前瞻性行为可分为五个维度，即主动思考与进取、识别机会与威胁、实施变革创新、关注长期绩效和持续跟踪改进。

通过描述性统计和方差分析发现，管理者前瞻性行为不会因年龄、教育程度、工作年限、职务类别（正职与副职）、直接下属数量的不同而产生显著差异。男性管理者前瞻性行为表现远好于女性管理者，民营企业管理者相比其他类型企业，更具有前瞻性行为表现。高层管理者相比中层和基层管理者，更具有前瞻性行为表现。

通过相关分析和回归分析发现，不同层级管理者前瞻性行为影响因素略有差异，高层管理者前瞻性行为影响因素主要包括主动性人格、成就动机、外部环境、环境熟识度和工作胜任程度，中层管理者前瞻性行为影响因素主要包括主动性人格、成就动机、外部环境、环境熟识度、工作胜任程度和上级支持；基层管理者前瞻性行为影响因素主要包括主动性人格、成就动机、工作胜任程度和上级支持。

管理者前瞻性行为是通过组织变革的手段进而作用于组织绩效，组织变革在其中具有桥梁和纽带的作用，不可或缺。而对于管理者前瞻性行为与个人绩效间的关系则不尽相同，管理者前瞻性行为对个人绩效具有显著正向影响，但组织变革并不构成中介变量。对于高层管理者而言，主动思考与进取和关注长期绩效更能影响个人绩效及其中的任务绩效和周边绩效。对于中层管理者而言，主动思考与进取和实施变革创新更能影响个人绩效及其中的任务绩效和周边绩效。对于基层管理者而言，主动思考与进取更能影响个人绩效及其中的任务绩效和周边绩效。

关键词：前瞻性行为；管理者；案例研究；实证研究；影响因素

本书得到辽宁省社会科学规划基金项目（编号：L15BGL001）和辽宁省教育厅高校科研基金项目（编号：2016J011）的资助。本书由张健东总策划，提出总体写作框架，并负责全书统稿；全书各章节的撰写人分别是：第一、二、三、六章（张健东，大连工业大学）；第四、五章（张健东，大连工业大学；曲小瑜，大连工业大学）；最后由张健东、曲小瑜进行全书审核。

目　录

第一章 绪论

第一节 研究背景

一、前瞻性决定发展性

回顾改革开放以来企业发展的历史，不难发现中国曾经诞生了无数的明星企业。诚然，一部分明星企业取得了长久成功，然而更多的企业却是失败的，如巨人、三株等曾在中国家喻户晓的企业，却在中国企业的历史上昙花一现。而究其失败的原因，基本结论是高层管理者缺乏远见、高层管理者过于急功近利，导致公司出现重大战略决策失误[1]，即企业缺乏战略前瞻性。然而，为什么会出现这种情况？这些企业的经营管理者一般都具有丰富的管理经验，为什么也会犯低级错误？

从理论建构的角度分析，探索“怎样”与“为什么”的问题要比“是什么”的问题更加重要，这也就意味着仅仅知道企业缺乏前瞻性是远远不够的，还必须研究什么能够促进和影响前瞻性的问题。

企业的长期战略可以理解成企业的未来发展谋略，是对企业整体性、长期性、基本性问题的谋略。企业的发展就像运动员打棒球，球飞来的方向是不确定的，但运动员必须随时调整自己的方向，才能准确击球。运动员打棒球需要预判，管理者采取管理行动则需要前瞻性，从某种意义上说，管理者前瞻性决定着企业的长远发展。

二、前瞻性是管理者必备素质之一

所谓前瞻性，就是“先事一步”“先人一步”“先物一步”地从细枝末节中把握发展的先机，从特殊个别中把握普遍规律，从萌芽中把握发展趋势。现代管理者如果没有前瞻性思维，容易陷入盲从，难以有效实施管理。

张国良、霍绿叶将企业家的战略思维能力分为发现问题能力、形成概念能力、超前预见能力、独立思考能力和应变创新能力，认为企业家必须保持对新鲜事物敏锐的洞察力，富有想象力，善于提出大胆而新颖的设想，敢闯敢干，不断地用更新更高的目标鼓舞员工前进[2]。这正突显出前瞻性对于企业家乃至全体管理者的重要作用，也成为管理者必备的素质之一。严明认为，生活在一个富有挑战、变革和创新的时代，为适应新形势的要求，企业家应具备较强的决策能力、应变能力、公关能力和塑造个性文化的能力等，而这些能力的培养和获取，均以前瞻性思维创新能力为基础[3]。在当今机遇与挑战并存的世界，市场状况瞬息万变，成功机遇稍纵即逝，企业间的优胜劣汰情况加剧，这就要求企业家要有深刻的、理性的、敏锐的前瞻性思维创新能力及良好的心理素质等综合性能力。

管理者前瞻性思维是企业管理创新、制度创新、机制模式创新、技术创新的内在源动力以及长远发展的前提和基础。虽然同为企业，但有的却在生产产品，有的在经营品牌，有的在经营文化，而企业家前瞻性思维方式对企业的发展方向起着决定性的影响[4]。管理者高瞻远瞩的前瞻性能够有效预测未来趋势、把握发展方向、防微杜渐、掌握主动。

三、前瞻性行为有助于应对不确定性

面临21世纪日新月异的高速发展，管理者如何应对内外部环境的挑战，快速准确决策甚至提前预警显得尤为重要，这也使得管理者前瞻性成为必备素质之一。特别是面临2009年特殊的经济形势，管理者前瞻性对于企业应对危机乃至长远发展具有决定性作用。

管理者前瞻性行为是对现实情况的未来思索以及所采取的管理活动，未来虽然尚未发生，但未来在一定程度上是在现在和过去的基础上而进行的继承和延续，它受到历史和现实的制约。事物的发展都有其规律可循，而规律性决定了事物发展并非杂乱无章的，而是有大致的方向和路径。在管理活动中，管理者在考察现实事物的基础上，揭示出事务的内在矛盾和外部条件，

根据这种对事物内外因的综合分析与判断，预见事物发展的方向和路径，进而有机调整组织的发展目标和实现路径，以使组织在复杂多变的环境中更好地应对未来和可能的不确定性。

同时，前瞻性行为要求管理指向具有超前性。危机由萌芽、生成、扩散到产生连锁反应和全面影响，一般都具有一个渐进与突变相统一的过程，此过程无论长与短，都会因为危机诱因的演变而率先展现出预先征兆。这些预先表现出来的征兆并不直接表现为危机事件，但为了杜绝或应对危机，需要将前瞻性的管理行为提前纳入危机前置管理的日常工作范围。同时，危机常以偶然性的方式出现，偶然的原因在于危机常由多个危机诱发因子相互作用叠加而形成“合成谬误”，因此前瞻性的预见既有其必要性，更有其可能性。危机处理妥当，将使危机演变成成长的机会，提升组织能力的机会。而在这样的不确定的环境下，管理者需要具有前瞻性思维，“预，变而不惊”。在环境发生变化前如能感受到苗头，从中归纳发现趋势与规律，并且作出判断和预案，完全可以应变自如。而这一切的前提就是跨前一步思考，早人一步行动，使管理者站在更高的层面、更广的视野上审时度势、从容应对。管理者通过采取前瞻性的管理行为，前瞻性的因势利导，有效化解、规避企业可能面临的危机和突发状况，从容应对各种不确定性。

四、前瞻性行为有助于增强创新力

管理者前瞻性行为有利于增强管理者的内在创新意识和外在创新行为。前瞻和创新是紧密联系在一起的，而前瞻性的事物一般具有新颖性和价值性的显著特征。前瞻性思维是管理者创新的重要思维方式，而行为本身就具有创新意味。前瞻性行为是创新的开始，也是创新的重要前提。管理者前瞻性实际上是一种创造性思维，前瞻性行为就是要突破事物的现有界限，而对事物的未来状态进行探索和设想。这种突破本身就是创新，而对未来的预测又进一步开阔管理者的视野，激发管理者的紧迫感和使命感，从而强化其创新行为。

前瞻性行为虽然不可避免地带有一定的或然性和不清晰性，但它在组织管理中是绝对不可缺少的。前瞻性行为是管理者难于把握而又十分需要的管理行为方式。只有具备前瞻性的行为，才能实现前瞻性的管理。而创新性是从经验、知识和信念中寻找灵感和实现飞跃，突破固有思维和行为范式，实现对常规管理行为的突破。管理者的思维创新活动和思维创新能力受到多种复杂因素的影响，这是因为思维创新是由一定的客观因素和主观因素引起、推动和维持的[5]。因此，深入地理解和合理地运用这些因素，有助于激发和推动思维创新活动。创新需要充分发挥人的主观能动性，需要挖掘管理者的内在潜能，动员各要素之间的广泛联系，实现对经验和传统的超越。在行为模式上，管理者参照过去的成功经验，进而固化为现实的行为规范，而这很容易使组织一直停滞不前甚至产生倒退。在复杂多变的当今世界，社会生活、管理现实日新月异，创新成为永恒的主题。管理者为了迎合这种现实的工作要求，在工作中不得不改变传统的工作方法，转换管理思维方式，开拓与创新，才能不断赋予组织新的生机和活力，而在整个过程中恰恰反映出前瞻性行为的重要作用。

五、现阶段的管理者需要前瞻性行为

在现代社会，管理者前瞻性行为对于推动管理实践、顺应时代潮流、增强管理者的创新意识、促进管理决策科学化等方面具有重要作用。“凡事预则立，不预则废”，这充分体现出前瞻性行为的重要意义。管理者前瞻性行为有助于管理活动与时俱进，迎合时代发展的要求，顺应时代发展的潮流，使管理者在组织中所发挥的作用越来越重要。在危机、变革等的关键时期，管理者能力的强弱、管理水平的高低对组织的命运和前途起着决定性的作用。在当今瞬息万变的知识经济时代，管理者不仅需要具有“运筹帷握之中，决胜千里之外”的胆识和气魄，而且需要在复杂多变的环境中掌控组织未来发展方向的能力。现阶段的管理者不能再照搬过去传统的管理理念和管理模式。判断一个管理者是否称职和能干，主要看他是否具有前瞻性的意识、创新本领、预测和避免风险的能力以及采用的具体决策谋略和管理行为的正确程度，而这正是管理者前瞻性行为的侧面反映。管理者这种“敢为天下先”的前瞻性行为方式，要想顺应时代潮流而不被时代所淘汰，就必须时刻了解时代发展的趋势和方向，并通过对组织未来的预测来指导现实，提高

组织在变化环境中的应变能力和生存能力。现代社会充满竞争，组织要想在这样的环境下获得生存乃至长远发展，管理者的前瞻性行为就显得尤为重要。

竞争的本质在于人才的竞争，也就是人的智力的竞争，而人的智力的竞争说到底就是人的思维能力和水平的竞争。外部激烈的竞争形势驱使管理者的管理活动和行为方式必须随之改变，管理者的前瞻性行为有力地保证了组织目标和实施目标手段的创新性和先进性，从而有利于组织在竞争中处于优势地位。总之，现实的社会环境和人们的思想观念都处于不停地变化中，管理者必须及时调整自己的行为方式，变传统管理方式为前瞻性的行为方式，站得高、看得远，进而全面提高预见性、科学性、全面性和有效性。

尽管管理者的前瞻性行为具有重要意义，但同时管理者的前瞻性行为也不是万能的。由于未来具有不确定性和或然性，前瞻性行为也会有偏颇，因此过度夸大前瞻性行为的作用，也可能会带来较多风险和损失，这也是应该尽量避免的。

综合以上分析，管理者前瞻性行为具有充分的现实和理论意义，促使笔者针对这一问题展开更深入细致的研究和探讨，以求发掘更有意义的成果。同时，针对文献的检索情况，目前该方面的研究较为前沿，管理者前瞻性行为相关实证研究成果未见发表或报道。

作为主导企业发展的高中基层管理者，他们个人前瞻性行为的发挥对企业发展必然具有指导性作用，本研究恰恰以管理者为研究对象，重点研究前瞻性行为的现状和测量方法，全面探索管理者前瞻性行为的内在影响因素，以期为前瞻性行为的研究做好理论基础与铺垫。同时在深入探索前瞻性行为影响因素的同时，试图寻找与之相关的结果性因素，诸如个人绩效和组织绩效等。

管理者前瞻性的研究成果将有效应用于具体的管理实践当中，一方面可以为管理者前瞻性的评价与管理提供借鉴与参考，另一方面可为培养管理者前瞻性行为提供对策与措施。

第二节　研究问题和目的

一、研究问题

本研究以企业中的高中层管理者为研究对象，从多个角度全面探讨前瞻性行为的影响因素、自身测量和结果应用。鉴于目前的研究内容较贫乏，因此，根据研究背景与动机分析，本研究主要探讨以下四个问题：

（1）管理者前瞻性行为的影响因素有哪些？哪些因素起到重要的影响作用？

（2）管理者前瞻性行为自身维度构成有哪些？如何衡量管理者前瞻性行为水平和程度？

（3）管理者前瞻性行为与组织绩效等变量的关系如何？

（4）是否存在管理者前瞻性行为与组织绩效等变量间的中介变量或调节变量？

二、研究目的

根据上述研究背景、研究动机和研究问题，本研究尝试整合跨越管理学、领导学、心理学三个领域关于管理者前瞻性行为的研究成果，以期发现管理者前瞻性行为的影响因素、自身测量和结果变量以及相互间的影响，并采用案例研究和实证研究的方法，达到以下四方面的研究目的：

（1）通过案例和文献研究方法，找寻管理者前瞻性行为自身的测量方法、以及可能的影响因素和结果变量。

（2）应用实证研究的方法，建构前瞻性行为影响因素、自身和结果变量三者之间的关系模式。

（3）将关系模式等典型研究成果有效应用于管理实践，提供具有针对性和可行性的建议和策略。

（4）提供管理者个人行为研究的新方向。

第三节 研究方法与技术路线

一、研究方法

1.文献探讨

通过对国内的万方数据库、人大报刊复印资料全文、中国期刊网、EBSCO、PQDD博士论文全文、Elsevier等数据库的全面检索，系统总结国内外关于管理者前瞻性行为的过去和最新的研究成果，在此基础上，找寻本研究的切入点和异同点，为后续研究做好理论基础。

2.案例研究

管理者前瞻性虽然已引起学术界的普遍关注，但以往的研究主要基于组织层面进行宏观研究，缺乏从微观层面探究管理者前瞻性行为的个人因素，基于此，本研究拟通过案例研究的方法，探讨管理者前瞻性行为的内在测量维度及其影响因素，这也恰恰适合案例研究解决“如何”和“为什么”之类的问题。本研究通过选取典型的公司，应用深度访谈、焦点小组讨论和资料研究方法，全面探讨管理者前瞻性行为的自身特征以及与其他变量的关系。

3.实地调研和问卷调查

通过文献的检索和分析、探索性的案例研究，提出了研究各变量的构成及其测量题项，将这些问题与有关专家和企业管理者进行讨论后，形成了本研究的初步问卷，在通过预调研后，经过内部一致性检验、探索性因子分析、验证性因子分析，根据分析的结果，对某些题项进行了删减，以提高问卷的信度和效度。最后，用此问卷进行大样本调查。

4.统计分析

目前，国内未见对于管理者前瞻性行为的实证研究成果，在获得大样本调查数据以后，本文运用SPSS 16.0统计分析软件，进行描述性统计分析、方差分析、相关分析和回归分析等统计分析技术，对数据进行统计分析，对本研究提出的假设和模型进行验证，全面分析管理者前瞻性行为自身及与其他变量的内在关系。

二、技术路线

本研究的研究程序大致可分为四个阶段：文献研究、案例研究、实证研究和形成研究结论与建议。各阶段的任务和程序如图1-1所示。

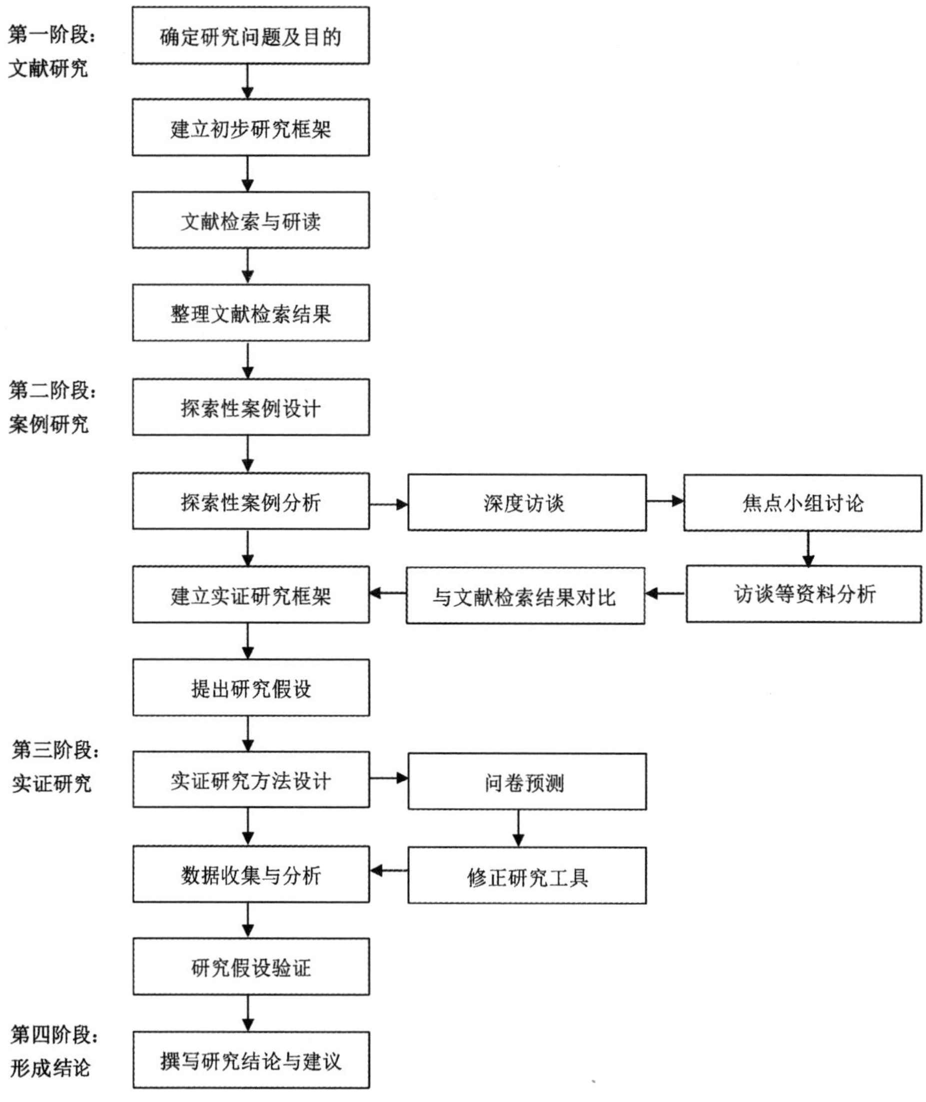

图1-1　技术路线

文献研究阶段主要根据研究的背景与动机，应用网络和图书馆资源，收集与研究主题相关的各种文献资料，进行检索、阅读、整理与探讨分析，发现前人研究的成果与不足，进而建立初步的变量含义和研究框架。

案例研究阶段是基于过去针对研究主题的实证研究成果较少，采用深度访谈、焦点小组讨论和资料分析等方法对典型企业进行探索性案例分析，以了解前期文献检索与探讨结论的合理性与可行性，厘清研究主题的内在本质，确认要研究的变量概念与关系，建立实证研究的总体架构，提出相关研究假设，为后续进行实证研究做好前期铺垫。

实证研究阶段主要根据案例和文献研究提出的研究假设内容，通过实证研究的方法，以检验研究假设的正确性。该阶段的主要工作内容包括问卷开发、预调研、抽样设计、实地调查、回收问卷的审核、筛选，数据处理、数据分析与整理等环节，任务在于保证问卷的可靠性和有效性、抽样的代表性以及调查实施过程中的质量保证。采用SPSS 16.0软件进行分析，综合运用描述性统计、聚类分析、方差分析等方法进行数据信息深挖掘。

形成结论阶段主要通过对数据的挖掘，进行原因剖析，形成初步结论，并提供具有针对性和可行性的管理建议。

第四节 主要创新点

一、开发管理者前瞻性行为的测量工具

通过典型案例选择、深入访谈和焦点小组等环节的探索性案例研究方法，探寻管理者前瞻性行为的测评维度，自行开发初始测量量表，经过预测、因子分析、实测检验等过程，形成管理者前瞻性行为测量工具。

二、构建管理者前瞻性行为的内外部影响因素模型

通过文献检索探讨和典型案例选择、深入访谈和焦点小组等环节的探索性案例研究方法，探寻管理者前瞻性行为的内外部可能影响因素，并通过大

规模调查的实证研究予以检验，进而提出管理者前瞻性行为影响因素模型。

三、构建管理者前瞻性行为与绩效、组织变革等变量的关系模型

通过文献检索探讨和典型案例选择、深入访谈和焦点小组等环节的探索性案例研究方法，探寻管理者前瞻性行为与组织绩效、个人绩效、组织变革等变量之间的关系，并通过大规模调查的实证研究予以检验，进而提出管理者前瞻性行为与组织绩效、个人绩效和组织变革变量间的关系模型。

第五节　论文结构与框架

根据上述研究逻辑和论文结构框架如图1–2所示。本文共包括六章：

第一章为绪论。本章节在阐述选题背景和选题意义的基础上，交代研究的问题和目的、研究过程中拟要采用的研究方法和流程，提出可能的创新点以及本论文后续章节的研究结构和内容。

第二章为文献综述。本章节中先介绍前瞻性这一概念的产生与发展，在此基础上介绍前瞻性行为的内涵和前瞻性行为的特征。

第三章为探索性案例分析。本章节选择典型案例进行探索性研究，发现管理者前瞻性行为自身的测量维度，个人、组织和外部层面的影响因素以及与组织绩效等变量的关系，并提出部分相关研究假设。

第四章为实证研究方法与测量工具。本章节依据案例研究结论和访谈内容，借鉴各相关变量成熟量表内容，自行开发测量工具，并经过预测得到变量维度及正式测量量表。

第五章为研究结果分析。本章节针对案例和文献研究结果提出的假设内容，通过相关分析、回归分析等实证研究方法，对各相关变量与管理者前瞻性行为之间的关系，以及管理者前瞻性行为与组织变革、绩效等变量的关系假设内容予以全面验证，同时对假设检验结果进行适当的分析和解释。

第六章为结论和展望。本章节主要对全文的研究结论和理论贡献进行系

统的总结与概括，并对研究结论的实践意义和推广价值进行讨论与分析，在此基础上再次强调本研究的主要创新点。与此同时，阐述本研究中存在的不足之处以及日后的研究展望与设想。

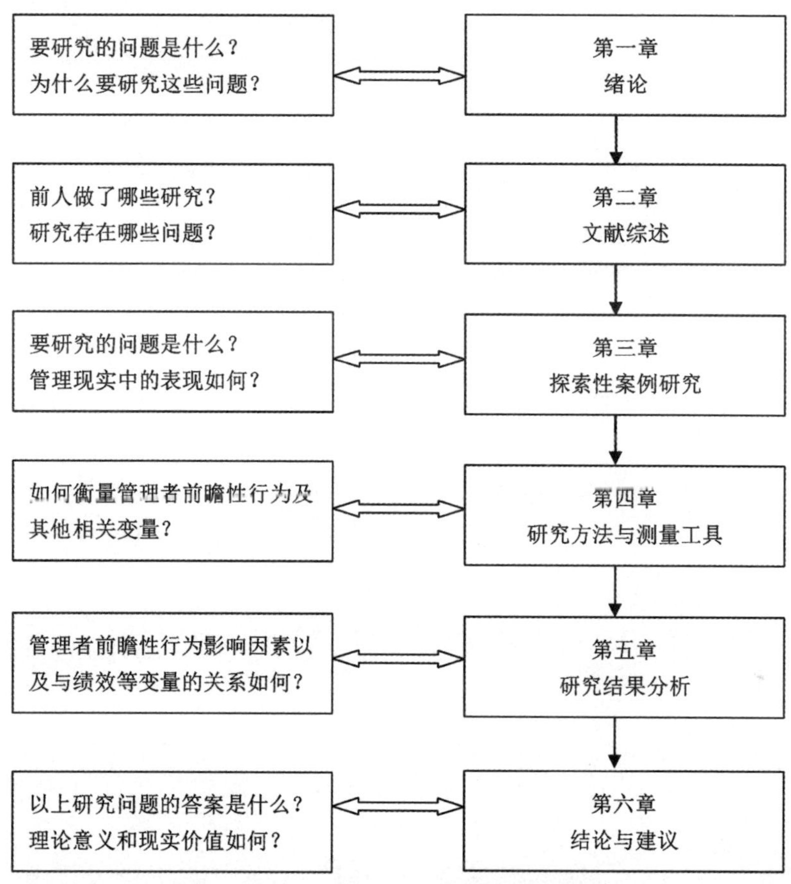

图1-2　论文结构框架及逻辑关系

第二章　文献综述

第一节　前瞻性概念的产生

前瞻性这一概念的提出最早可追溯到20世纪六七十年代，学者Vroom在研究激励理论的过程中发现，激励是通过作用于人的心理过程而激发他们去改变环境，而人们在改变环境的过程中，具有一定的前瞻性尤为重要[6]。期望理论、公平理论、需求层次理论、目标设置理论等激励理论的提出，将过去人们认为员工的行为是被动的、消极的，而转向主动的、积极的。当然人们在行为之前作出预判是相当重要的，而前瞻性就是针对刺激物而产生的一种预判，但当时前瞻性并未作为一个独立的概念进行探索和研究。

在文献回顾的过程中发现，前瞻性在众多文献中多次被提及，特别是在社交过程、工作结构、发展变革进程多个层面中屡次出现，其目的都在于试图从中找寻员工前瞻性的实施影响组织环境行为的深层次原因。

一、社交过程

众多研究表明，员工在社交的过程中，会积极前瞻性地改善人与人之间的关系。在研究影响的文献中发现，员工会前瞻性地采取和使用技术和手段进而影响其他人和整个组织[7, 8]。

在研究反馈主题的文献中发现，员工不是被动等待绩效结果反馈，而是积极、前瞻性地采取多种手段试图尽早了解绩效结果，进而找出应对方法[9, 10]。

在研究公民行为的文献中发现，以往的研究仅考虑反应式的组织公民行为，比如服从规范、应对要求提供帮助，但现阶段的研究发现，员工会前瞻性地作出某些行为，比如主动提供帮助[11]，承担责任[12]，当然还有有意破坏规则的[13]。

在研究情绪的文献中发现，员工不仅仅是被动地进行情绪表达，而是前瞻性地寻找主动改变情绪的方式和策略[14]。

在研究社交的文献中发现，学者从过去仅关注员工对于社交实践，转而开始研究员工通过前瞻性行为进行交往，加强自身经验[15~17]。对社会网络的深入研究发现，学者开始批判员工仅针对社会环境进行反应的传统假设理念，而转为关注员工前瞻性的建立、扩展和维持社交网络[18~21]。在这样积极前瞻性的趋势下，员工开始塑造自身的人际关系和社交活动。

二、工作结构

相似的前瞻性发展趋势也发生在工作结构的研究中。比如学者在研究工作、任务、角色、目标的过程中发现，员工会主动前瞻地创造、规范、改变自身的工作。

在研究工作任务绩效的文献中发现，员工不仅仅关注完成被安排的任务，而且会前瞻性地通过创新举措和率先解决问题[22]而主动修正和完成工作任务[23]。

在研究工作设计的文献中发现，员工并非按照管理者规定的职责进行分工，而是通过主动与管理者谈判[24]或者前瞻地改变任务和关系而改变工作界限[25~26]。

在研究工作角色的文献中发现，员工不仅仅按照既定的方式扮演工作角色，而且主动前瞻地改变、塑造、扩展、应用自己的角色进而作为一种资源[27~29]。

通过研究目标设置发现，员工仅仅将管理者指定的目标进行内化，而且主动参与管理者指定目标的进程当中[30]。关于工作结构的研究成果，再次强调员工主动前瞻的未来角色定位。

三、发展和变革进程

在研究发展和变革进程的文献中也发现了前瞻性的痕迹。在学者对于职业生涯通道、组织变革、程序与学习中发现，员工会主动前瞻性地改变自身进而适应组织变革和发展的需求。

在研究职业生涯通道的文献中发现，员工不光受职业生涯发展环境的影响，而且尽力前瞻性地控制和影响其所处的环境[31]。

在研究组织变革进程与企业战略变革的文献中发现，部分员工不仅会主动接受来自上层的变革，而且会从下层主动地理解和拥护重要变革事件[32~33]。部分企业会随着自身所处环境的变化主动前瞻地改变自己的产品或市场定位，以满足动态的市场要求[34]。

在研究规则和程序的文献中发现，员工不仅会对上级下发的规则和程序予以被动反应，而且会主动前瞻地采取建立、维持、完善的应用其作为一种资源[35]。

在研究员工学习过程的文献中发现，员工不仅被动地接受培训中的知识和技能，而且主动寻找发展的机会，并前瞻性地扩展自身的知识和技能[36][37]。

总而言之，在社交过程、工作结构、发展和变革进程各个层面的研究成果中，均提出员工不是被动地接受工作任务、组织变革和个人发展机会，而是会主动前瞻性地采取可能的应对措施和手段。

前瞻性作为独立的概念研究始于20世纪六七十年代，Swietlik联合Allport，Freud，Maslow和Murray等人的性格结构概念，提出前瞻性人格的概念[38]，但在当时并未引起关注，直至20世纪90年代，关于前瞻性人格的研究大量出现，人们才开始关注并认可“前瞻性”这一全新词汇和概念，其中比较有代表性的人物包括Crant、Parker、Seibert等。

Frese and Fay则在欧洲提出员工主动性的概念，将其描述为员工为了追求目标达成而坚持克服困难而产生的自发的工作行为，具有鲜明的前瞻性特征，进而将其与工作绩效被动接受理念区别开来[39]。行为本身并不是静止的，而且是有所趋向的，因此个人主动性本身就具有前瞻性的特征，而且行为本身就具有提前量[40]。Bateman和Crant将个人主动性描述为影响变革的行为[41]，而Frese和他的研究伙伴则提出主动性行为是预想之中、向前看的行为表现模式[42]，而这种行为本身的目的在于受益自身，但很可能伤害他人和组织[43]。

Griffin和Lopez，Spector和Fox研究指出，鉴于个人主动性是员工自发的、为自身谋利益的行为，对整个组织很可能是破坏而不是建设性作用[44~45]，因此个人主动性行为并未真正揭示前瞻性行为的内涵特征。鉴于此，研究前瞻性行为正好弥补了这部分不足。

第二节 前瞻性行为的内涵

员工并不像大众想象的那样被动地接受生活，他们也会通过各种各样的方式试图去影响、改变、简化、繁化乃至调剂他们的生活。虽然在过去的几十年间，专家学者都在对管理学、管理者、管理理念进行深入研究，但对员工个人前瞻性行为的研究才刚刚萌芽。

前瞻性行为是指员工为影响自己或所处环境而进行预想的行为。以往的研究结果表明，员工利用多种方式表现前瞻性行为，包括寻求反馈[46]，主动创新满足自身和组织目标[47]，主动适应新环境[48]，表明观点[49~51]，推销重要事件[52]，承担责任[53]，提前采取影响个人和群体的行为[54]，扩充角色范围[55~56]，修订工作任务[57]，精细化工作，突破规则限制[58]，解决难题和执行创意[59]，伤害个人和组织[60]以及建立社会网络[61]。前瞻性行为的研究主要针对工作场合展开，其所产生的结果对其自身和组织均有影响。

这些研究主要针对前瞻性行为对于工作的普遍影响，而这些影响不仅仅涵盖于实施前瞻性行为的个人也包括其所在的组织。而这些研究都是分散、相互独立的研究，而非系统性的探讨。

多名研究学者，如Crant、Parker和Rank在自身的研究不足或研究展望中提出，应进行系统剖析前瞻性行为，包括前因影响因素、行为自身以及其影响效果[62~64]。

随着组织从产品经济向知识经济过渡，员工良好的前瞻性行为将有助于企业实施创新与变革[65~68]。Bateman和Crant指出，前瞻性行为是在工作过程中被激励而产生的特殊方式[69]。

在最早针对前瞻性行为的研究文献中，Morrison和Phelps将其作为"情境内绩效"而非"角色外绩效"，这也就意味着前瞻性行为是个人自身具备的而不受外部因素所影响[70]。而Crant，Frese和Fay反驳这种观点的合理性[71]。

Crant将前瞻性行为描述为"为改进现实状况而采取的创新举措"，举措是为了挑战现状而不是适应现状。Frese，Kring，Soose等人也有相似的观点，认为前瞻性行为具有以下特性：①自我开始，不用被告知即开始；②前瞻性，为未来可能的机会和威胁做长远打算；③坚持，突破变革的可能障碍[72]。Morrison和Phelps又将履行责任加入其特征中。Frese和Fay则认为前瞻性行为是"主动绩效导向"，这已突破传统的上传下达的管理思路，员工可以超出领导期望，构建自身目标，采取长远打算，阻止可能问题发生。

Parker，Williams和Turner通过对一般员工的研究后指出，雇员在现代社会中，不仅仅被期望着完成简单的工作任务（工作绩效），同时还被期望着承担更加宽泛的工作角色，而前瞻性行为就是其中之一[73]。Sandra和Charlotte在此研究基础上提出，前瞻性行为就是为了改善现实环境而进行的创新性行为举动，它是对现状的一种挑战而非被动的适应[74]。

Adam和Susan在综合研究前瞻性行为时，提出前瞻性行为是一种被期望的影响自身和他们所处环境的行为，这种行为通过创新或做出主动性事件（而非适应）来创造或控制内外部环境，提出通过形式、影响目标、频率、时间和技术五个方面展开研究[75]。

Alan和John等的研究成果表明，新员工前瞻性行为包括寻求反馈、信息收集、一般社会化、上级关系建立、社交网络建设和工作变革商议六个维度[76]。新员工采取前瞻性行为有助于帮助其顺利完成组织社会化过程，并产生积极的工作效果[77]。

Raymond Loi和Yan Liu等人的研究成果表明，员工的主动性人格调节情绪工作需求与他们的辞职意向呈正相关，当他们的主动性人格较低时，员工的情绪工作需求和辞职意向之间的相关关系显著[78]。

Kejian Yang和Xiaofei Yan等人的研究成果发现，员工的前瞻性人格和其工作投入呈正相关关系，而且当员工的前瞻性人格超过他们的领导者时，员工的工作投入度更强[79]。

Zhou Jiang等人在研究中发现，员工前瞻性人格首先促进了个人在工作中的成就，从而提高了职业适应性[80]。另外，大学生前瞻性人格对职业适应性具有积极预测作用，其中职业探索作为中介效应影响这种关系[81~82]。

上述研究成果的研究对象主要为一般员工或大学生群体，并未针对管理者这一特定群体进行广泛深入的研究。一般员工和大学生的前瞻性行为研究主要针对可能产生的职业生涯变化、工作适应性等内容展开研究，而作为组织代表的管理者，其自身的前瞻性行为表现很可能产生组织绩效、组织变革等相应的结果，因此研究管理者更具有现实的管理价值和意义。尽管研究前瞻性行为的重要性不言而喻，但目前的研究停留在前瞻性行为与个人绩效的匹配关系[83~84]。或者探索其与组织公民行为[85]等其他个人变量的相关性层面，对于前瞻性行为的影响因素等内容并未展开研究。

近年来，国内学者也针对前瞻性展开广泛研究，但研究主要针对个人的前瞻性人格，而涉及具体前瞻性行为的较少，特别是针对管理者这一特定群体的较为罕见。

学者孟月云采用问卷调查方式对苏州地区241名领导和员工进行的调查表明，领导前瞻性人格对组织公民行为有正向预测作用[86]。

学者冯缙探索大学生前瞻性人格与时间洞察力的相关实证研究发现，男女大学生在前瞻性人格总体及其三个测量维度上存在显著性差异；在时间洞察力广度上，高前瞻性人格表现的大学生更倾向于未来广度，低前瞻性人格表现的大学生更倾向于过去广度；在时间洞察力心理结构的时间取向方面，高前瞻性人格表现的大学生更倾向于未来取向，低前瞻性人格表现的大学生更倾向于过去取向[87]。

学者李珊在对大学生前瞻性人格与学习投入的定量研究中，从前瞻性人格与学习投入三要素之间的相关分析看，前瞻性人格对学习动机、精力、专注有明显的正相关作用[88]。

张斌、彭望等人在研究大学毕业生前瞻性人格、应对效能与就业压力关系的研究中发现，有大学生干部经历的，会更主动地接受挑战，面对就业选择时也会更加从容，且有更好的人际交往能力和更清晰的职业规划，更容易赢得企业的青睐。相关研究分析表明，前瞻性人格与应对效能明显正相关，与就业压力呈明显负相关，应对效能与就业压力明显负相关。其中应对效能在前瞻性人格与就业压力之间起完全中介作用[89]。

学者叶莲花进行企业员工前瞻性人格的结构及相关研究，运用问卷调查法对我国多家企业的员工进行实证研究发现，我国企业员工的前瞻性人格主要包括主动性和坚韧性两个维度，其在维度构成和内容方面与西方研究结果相比而言，既有相同之处，同时又存在诸多差异。不同职位层次、不同文化程度、不同工作种类以及不同所有制企业之间的员工前瞻性人格存在显著性差异，不同性别、不同年龄员工前瞻性人格没有显著性差异[90]。

学者吕霄，攀耘等人对前瞻性人格对角色内绩效的影响做了调查研究，结果显示前瞻性人格对员工角色内绩效具有积极影响，具有前瞻性人格的员工会表现出更多的个性化交易和创新行为[91]。学者逄键涛、温珂以及张振刚、李云健等人的调查结果表明：主动性人格对员工创新行为具有显著正向影响作用[92~93]。

学者王本贤、朱虹在探究前瞻性人格、成就动机与创业意向的关系中发现，前瞻性人格可以有力促进追求成功动机水平的提升，中国大学生的前瞻性人格、成就动机和创业意向三者呈中等程度显著正相关。追求成功动机和避免失败动机在大学生前瞻性人格对创业意向的作用中均起到部分中介作用，其中追求成功动机的中介作用更加显著[94]。

学者刘云在进行前瞻性人格对员工变革行为的影响研究中，分别探讨了个体和环境两个层次的因素对员工变革行为的主效应。从个体层次来看，前瞻性人格对员工变革行为有显著的正向预测效应，从环境层次来看，心理安全气氛对员工变革行为有显著的正向预测效应[95]。

学者王建伟则通过理论推导和定性分析的方法指出，前瞻性思维需要五大时代观念支持，分别是系统观念、预判观念、开放观念、机遇观念和创新观念[96]。

学者武四化以X公司申请高新技术企业为例，探索了前瞻性思维在财务管理中的价值与应用。在财务管理过程中，积极进行前瞻性思维，把握企业的整体方向，能够化被动为主动，将滞后变超前，可以提高工作效率以及工作的准确性和科学性，进而提升企业的管理水平和应对危机的水平[97]。

学者丁莉娜结合前瞻性人格特质与保险人员胜任特征，找出其中共性，使具有典型前瞻性人格特点的人更符合保险行业的职业要求，并通过其在招聘、甄选、职业生涯规划和激励等方面的有机应用，充分发挥前瞻性人格特点的优势[98]。

学者左雅靓、窦泽南等人在探究青年技能型人才的前瞻性人格、职业认同与工作适应之间的关系时发现，前瞻性人格和职业认同对工作适应有积极的作用，其中职业认同对前瞻性人格与工作适应之间的关系存在影响[99]。

学者赵青将前瞻性人格作为一种影响因素，探索销售人员的前瞻性应对方式对工作投入的影响，发现个人特征因素中的前瞻性人格、销售自我效能感对工作投入具有显著的正向影响作用，同时个人特征中的前瞻性人格、一般自我效能感和销售自我效能感之间存在显著的正相关关系[100]。

第三节　前瞻性行为的特征

从管理者前瞻性行为的界定中，能够发现前瞻性行为本身具有自发性、指向性和未来性三方面的典型特征。

一、自发性

管理者的前瞻性行为具有鲜明的自发性特征，所谓“自发性”是指进行自我意识行为的主动性，是典型的理性主动行为，与被动性相对。自发的行为一旦完成，它便过渡为“被动性”。管理者作出的前瞻性行为，正是基于现实背景和环境而主动采取的管理行为，尽管受到内外部多种因素的影响，但它仍是管理者内在自发产生的。

二、指向性

管理者的前瞻性行为具有指向性的特点，所谓“指向性”是指行为的目的和对象趋向。通过指向把对象包含在自身中的现象，其中包含两种含义：一是指向活动的内在性，即意识的内容可以包含实际上并不存在的东西；二是意向活动与某种对象有关。同时指向性也包含四方面的要素：活动的主体、活动的内容、活动的对象、活动的手段。管理者前瞻性行为的指向性则正是针对企业现实问题或者可能发生的问题，而主动采取的管理行为，其行为本身具有典型的内在指向，是对现实或未来的投射和构建的过程，与此同时，这一过程又是管理者的管理经验和创新能力显现的过程。

三、未来性

管理者的前瞻性行为具有未来性的特点，所谓“未来性”是指行为本身是为了达到预期目标而对未来一段时间内工作或任务目标进行的预计和筹划，这也正是前瞻性所显示出来的特点。依据罗宾斯提出的管理职能划分，主要包括计划、组织、领导和控制四个方面。作为首要职能的计划职能，其本身就具有时间性和未来性。同时由于时间的影响和未来不定因素的干扰，又要求计划具有预见性和弹性。管理者的前瞻性则主要体现在管理活动中前期的谋略以及后期的执行与控制，而谋略本身就带有未来性。古典管理理论的代表人物亨利·法约尔在其《工业管理与一般管理》书中写道：管理就应该预见未来，如果说这种预见性不是管理全部的话，它至少也应是其中一个非常重要的基本部分。预见性即表示管理者对未来的估量，为未来做前期筹划和准备。而管理者的前瞻性行为不是对过去的简单重复，而是面向未来的对未知事物的探索。管理活动的未来走向没有固定的范式，一切都需要随着主客观情况的变化而变化。管理者为了掌控自己组织未来的命运和走势，就必须依靠前瞻性行为来应对组织的未来，而这正是管理者未来性所指。

第四节　前瞻性行为其他相关变量

学者Parker等人对前瞻性行为影响因素的研究发现，前瞻性行为的影响因素包括工作特征和个人特征两个方面，其中工作特征要素方面主要包括工作自主性、工作复杂性和工作控制；而个人特征要素方面则主要包括自我效能感[101]，好奇心和未来导向[102]。另外，Crant的研究成果则在个人特征要素方面又增加主动性人格的因素[103]，学者Ohly，Sonnentag和Pluntke等人在此基础上又增加环境特征要素的内容，主要包括上级支持[104~105]、开放自主的工作氛围等[106]。Strauss等人也发现，变革型领导更容易激发员工的前瞻性行为[107]。Sandra和Charlotte通过调研149名一般员工后发现，工作特征、创造性及前瞻性行为之间有显著相关关系。时间压力、工作控制等工作特征要素，在某种程度上被员工感知为工作上的挑战，会带来创造性和前瞻性行为的显著提高[108]，这也就意味着工作特征是前瞻性行为的影响因素之一。林叶、李燕萍通过对北京某企业40个项目部的190名员工的调查发现，员工针对自我前瞻性行为比针对团队前瞻性行为对工作绩效的影响更高，这可能因为针对团队前瞻性行为主要是团队事务，更容易使领导者感到威胁。另外，领导的正直性、团队政治氛围调节了前瞻性行为对工作绩效的影响[109]。

Den Hartog和Belschak研究成果表明，个人承诺与前瞻性行为、前瞻性行为与工作投入间均具有显著正相关关系[110]。Seyyed等人通过对伊朗农业部下属各人事部门的调查后发现，感知组织支持和自我效能感与员工心理授权和前瞻性行为呈正相关，心理授权是自我效能感与前瞻性行为间的中介变量，同时心理授权和自我效能感两变量相联合又成为感知组织支持与前瞻性行为之间的中介变量[111]。

Frank等人针对前瞻性行为做了较为系统的研究，并创新性地从超组织、超同事、超自我三个层面研究前瞻性行为，通过总计12个题项的自我和同级间的量表测评分析后发现，员工的前瞻性行为的确存在着三个层面的显著差异表现。研究还发现，超组织的前瞻性行为与组织承诺强相关，超同事的前瞻性行为与团队承诺强相关，超自我的前瞻性行为与个人职业生涯承诺强相关。员工感知的上级变革性领导行为与超组织和超同事前瞻性行为呈正相关。员工的目标导向与超组织、超同事和超自我前瞻性行为呈正相关。员工超组织和超个人前瞻性行为与个人任务绩效呈正相关。员工前瞻性行为是目标导向与个人任务绩效间的中介变量[112]。

综上所述，近年来各位学者针对前瞻性行为展开深入的研究与探索，但总体而言缺乏系统性，同时针对管理者这一特定对象的前瞻性行为方面的论述并未见发表或报道。以往关于前瞻性行为的研究主要包括组织、个人、环境等三方面要素的研究，为了本文后续研究的需要，在此将影响因素和相关变量中的新变量以及本文后续所涉及的变量的含义一并作简要介绍。

一、主动性人格

Bateman和Crant在1993年提出，主动性人格作为组织行为中的一个主动性成分，是个人采取主动性行为进而影响周围环境的一种稳定倾向[113]。主动性人格是一种独特的人格特征，是一种可以区别和解释关于人们主动影响周围环境倾向显著差异的人格特质。同时，Bateman等人也自行开发了包含17个题项、单一维度的自陈式主动性人格量表，量表得分越高，则代表被试者具有典型的主动性人格特征。在此量表基础上，又相继有单一维度10题项、6题项、5题项和4题项的量表被广泛运用。

二、成就动机

McClelland提出，成就动机是人在竞争的过程中对获胜或成功的关注程度，是一种稳定的人格特质或者内在的心理倾向[114]。McClelland借鉴Murray提出的测量动机的主题统觉测验模式，将之应用于成就动机的测量，但因为使用起来比较麻烦，信度和效度不能保证而未能推广。由Gjesme和Nygard编制的成就动机自陈式量表，共包括30个题项，其中测定追求成功的动机15个题项，避免失败的动机15个题项[112]。国内余安邦、杨国枢开发的成就动机量表，共包括60个题项，其中自我取向成就动机30个测量题项，社会取向成就动机30个测量题项[115]。

三、自我效能感

Bandura于1977年提出，自我效能感是指人们对自己实现特定领域行为目标所需能力的信心或信念[116]。而管理自我效能感是管理者对自己能否利用所拥有的能力去完成具体管理任务的自信程度的评价[117]。Bosscher等对Sherer等编制的一般自我效能感量表进行修正，最终的量表包括参与活动的自我效能感，付出努力的自我效能感和坚持自我效能感三个维度，共计12个题项[118]。

四、工作卷入

工作卷入是员工个体在实际工作过程中寻求自我表现以及自我实现的程度，是一个认知、行为、感觉基础上的复杂概念[119]。目前最广泛使用的是Kanungo开发的测量问卷，单一维度、共计10题项。周明霞和李博对问卷进行了修订，剔出原问卷中的第一题，仍为单一维度，结构效度良好[120]。

五、上级支持

Burke等指出，上级支持感是指员工感受到上级为自己提供帮助、鼓励以及关心的程度[121]。国外学者主要应用Eisenberger编制的组织支持感问卷来测量上级支持感，然而，部分学者认为组织支持感和上级支持感间存在差异，不仅仅为单维度表现，需要从多个角度对其进行测量。我国学者王凤佐自行开发的五维度上级支持感量表[122]，在中国也得到普遍应用。

六、组织文化

Cameron和Quinn提出，企业文化是通过企业所信奉的价值观、领导方式、语言符号以及对成功的定义等方式来反映的[123]。Schein提出，企业文化是企业在处理外部环境和内部整合过程中出现问题时所发展起来的规范和信念体系[124]。Robbins提出，企业文化是企业员工共同的价值观体系，它使企业独具特色，并可以区别于其他企业[125]。Deal和Kennedy在《企业文化》中提出了企业文化的五要素，包括企业环境、价值观、英雄故事、礼仪和文化网络[126]。O'Reilly等人通过广泛的文献回顾，形成了54条关于文化价值观的陈述，得到企业文化的七个维度：追求创新、结果导向、对人的尊重、团队导向、稳定性、积极进取和注重细节[127]。

七、外部环境

环境有广义和狭义之分，广义而言，环境是无限的，包括主体之外的每一个因素。而狭义的环境则仅包含对主体（如组织）敏感的和必须对生存作出反应的某些方面。罗宾斯（Robbins）将环境定义为对组织绩效起着潜在影响的外部机构或力量[128]。但学者Duncan却认为环境是组织中个体或群体在做决策时所需要直接考虑的物理和社会因素的总和[129]。学者普遍接受将环境的维度划分为环境的复杂性、环境的动态性和环境的敌对性三个维度[130]，以及任务环境和一般环境的划分方法。任务环境一般包括顾客、供应商、竞争者等直接影响组织实现目标的环境因素，而一般环境是指那些间接影响企业的日常经营活动的环境因素。

八、组织变革

Michael提出，组织变革是组织为适应环境变化而进行调整的过程，通常发生在组织经营行为与环境的变动时机[131]。Homa提出，组织变革是彻底改变原来的管理方式或重新界定，比如组织流程的再设计、信息科技、供应商以及顾客等的相互融合等[132]。Lewin认为，组织变革是由“解冻—变革—再冻结”三个阶段组成[133]。Leavitt提出，组织变革包括技术变革、任务变革、人员变革和结构变革四个维度，四者之间具有较高的相互依赖性[134]。

九、绩效

1.组织绩效

组织绩效，亦称组织效能，Saal和Knight提出，组织效能通常是指一个组织总绩效的各个方面[135]。Venkatraman和Ramanujam提出，公司绩效主要包括财务绩效、商业绩效和组织效能三个维度[136]。组织绩效的评价人多包括多项考评指标和标准，Kaplant和Norton开发的平衡计分卡绩效管理方法，从财务、客户、内部业务流程及学习与成长四个层面对组织绩效进行评价，进而形成组织绩效评价指标体系[137]。

2.个人绩效

Byars和Rue等人认为，个人绩效是指员工完成工作任务的程度，能够反映员工对某项工作的完成情况[138]。但Murphy认为，个人绩效是指与个人任务目标所相关的一系列活动内容的总和[139]。Campbell指出，个人绩效是指员工为完成组织角色要求时的全部行为表现[140]。目前学者们普遍接受个人绩效主要包括任务绩效和周边绩效/关联绩效两个维度[141]。

第三章　探索性案例分析

第一节　探索性案例分析的目的

正如前文所述，前瞻性行为就是为了改善现实环境而进行的创新性行为举动，它是对现状的一种挑战而非被动的适应。对管理者而言，更是基于企业面临现实背景和环境的基础上，作出迎合环境需要的一种管理举措，而管理举措的有效推进又需要在现实的推进过程中，符合传统管理学的理念和思路。特别是在面临特殊内外部环境形势，管理者前瞻性行为对于企业应对危机、乃至长远发展具有决定性作用。鉴于此，探求管理者前瞻性行为自身、影响因素及其与组织绩效的关系成为亟待解决的现实问题。

Cooper和Emory指出，当研究者对某些问题缺乏明确概念时，采用探索性研究的方法是最好的选择[142]。Churchill研究也指出，探索性研究方法主要适用于研究主题涉及挖掘问题本质，而且该主题前人未曾或甚少探讨过，其核心目的在于发掘与洞察新想法、新观念与新见解[143]。

当研究一些新的主题或者研究题目涉及的范围太广时，需要一些探索性的研究，以帮助澄清和界定相关的研究主题，找出有关的概念和理论，使用切实可行的研究方法和手段，以便将研究成果与原有的知识和理论连接起来。

鉴于本研究相关的理论框架体系应用不多，而且涉及新的研究对象，因此有必要率先进行探索性案例分析，其中的原因主要包括以下三个方面：

一、研究对象的特殊性

在对文献综述的总结中发现，目前对于前瞻性行为的研究对象主要为大学生和一般员工，并未针对管理者这一特殊群体进行系统性挖掘，过去并没有相关的研究。因此，通过探索性案例分析的过程，可以充分了解管理者这一研究对象来验证研究架构的合理性。

二、变量间的模糊性

综合以往的研究结论，并未发现关于管理者前瞻性行为的实证研究成果，因此对于管理者前瞻性行为与各可能变量间的关系并不明确，希望能够充分结合文献探讨与实际探索性案例分析的成果，全面探索各相关变量之间的关系，以此验证本研究文献探讨结论的可能性。

三、研究框架未成体系

鉴于管理者前瞻性行为的研究并未形成系统的研究框架体系，因此本研究试图通过探索性案例分析，全面了解所有可能相关影响因素和结果影响，以建立起完整的研究框架体系，并作为后续实证研究的前期基础和铺垫，这也正是前期案例分析的核心原因。

第二节　探索性案例分析方法设计

一、探索性案例分析方法

管理者前瞻性，虽然已引起学术界的普遍关注，但以往研究主要基于组织层面进行宏观研究，缺乏从微观层面探究管理者前瞻性行为的个人因素，本研究基于此，拟通过案例研究的方法，探讨管理者前瞻性行为的内在测量维度及其与组织绩效的关系，这也恰恰适合案例研究解决“如何”和“为什么”之类的问题[144]。

Patton的研究指出，一般情况下探索性研究的方式主要包括资料研究、专家访问、相似案例分析、深度访谈四种。其中，深度访谈或开放式访谈就是对人们的经验、意见、感受和知识等内容直接进行引述[145]。鉴于此，为保证本研究框架的总体可行性，使研究分析过程、总体架构以及研究结果更加严谨，本研究采用个案深度访谈的方法，即先根据研究背景和目的对各公司核心管理人员进行深度访谈，并结合访谈资料分析结果与文献探讨结论，建立实证研究框架和基本研究假设。

同时，采用内容分析法对深度访谈的资料进行分析，这种方法的优点在于根据研究目的，针对访谈内容、符号与意义，乃至整个沟通过程，客观而系统地进行定量和定性的描述、分析与推论。

二、案例选择

为了突出案例选择的典型性，我们请D市国资委协助推荐5家所辖企业中符合下面三个基本条件的公司：①管理者在现职工作5年以上；②公司整体业绩突出，5年内业绩未出现下行波动，行业排名前五名；③曾获市级以上管理创新奖。国资委依据此要求，推荐5家公司作为研究的典型案例，经过深入了解，各公司不仅满足以上三个基本条件，而且具有代表性，完全符合本研究的研究要求，具体内容详见表3-1，表3-2。

表3-1　案例研究公司情况简介

序号	公司名称简写	公司所处行业	2012年地区行业排名	近5年年均业务增幅
1	DPC	物流业	1	24%
2	DMTG	机械制造业	2	15%
3	DSIC	运输业	1	21%
4	UNISA	代理业	5	9%
5	TRAND	服装业	4	12%

表3-2　案例研究公司总经理个人情况简介

公司名称简写	性别	年龄	学历	现职工作时间/年
DPC	男	46	研究生	8
DMTG	男	44	研究生	6
DSIC	男	51	研究生	7
UNISA	男	57	本科	13
TRAND	男	39	本科	5

三、数据来源

本研究遵守西方学者关于案例研究的流程和方法，同时注重从多个信息来源分析案例，进而提高理论研究的信度和效度，信息的来源包括：公司对外披露年报、公司内部刊物和网站、公司章程、战略规划、规章制度、工作总结、访谈资料、会议纪要等。

1.深度访谈

为了更好地获得第一手资料信息，项目组选择由4名教师和2名学生组成2个访谈小组，累计访谈31人，平均工作年限17.4年，平均现职工作时间7年，其中总经理5人，平均年龄47.4岁，平均现职工作年限7.8年；副总经理及核心中层经理26人，人均访谈时间74分钟。访谈中，以小组方式，采用半结构化深度访谈方法收集数据如表3–3所示，由教师依据访谈提纲提问，学生负责记录，访谈内容包含但不仅限于访谈提纲，依据被访谈者回答情况微调访谈问题。在正式访谈前，教师首先介绍研究目的，同时承诺信息完全保密。每一访谈小组中的学生专门负责记录访谈者提供的信息，访谈信息在当天完成整理，对于有疑问和不清楚的地方，通过电话方式进一步核实确认。

表3–3 访谈人员情况简介

公司名称简写	访谈人员类别	人数	平均工作年限/年	平均现职工作时间/年
DPC	总经理	1	22	8
	副总经理	1	21	7
	核心中层经理	5	13	6
DMTG	总经理	1	19	6
	副总经理	4	17	6.5
DSIC	总经理	1	29	7
	副总经理	2	22.5	10.5
	核心中层经理	4	21	7.5
UNISA	总经理	1	37	13
	核心中层经理	5	19	7
TRAND	总经理	1	17	5
	核心中层经理	5	15	6
合计		31	17.4	7

2.焦点小组讨论

在访谈的后期，项目组安排一次焦点小组讨论会，因UNISA和TRAND公司工作地点在同一写字间，因此邀请两家相关访谈人员参加会议。会议时间将近两小时，通过开放式问题搜集信息，问题主要包括：①公司近5年的综合业绩表现；②管理者在日常工作中的前瞻性工作行为有哪些？③作出这些行为之前综合考虑的因素有哪些？④作出这些行为后结果如何？发言按照座位顺序进行，所有与会人员均发表各自看法，项目组详细记录各代表发言。

3.资料研究

项目组同时收集大量文件资料，包括公司会议纪要、工作简报、360度测评报告等资料，并对此进行深入剖析。

四、深度访谈提纲

在访谈之间，项目组成员针对文献检索内容，针对现实调研需求，模拟现实访谈环节，撰写访谈问题提纲，具体内容见表3-4。

表3-4 访谈问题提纲

序号	研究问题	访谈问题提纲
1	公司及个人背景信息	公司的主营业务 公司的组织架构 个人基本信息（职位、现职工作时间、工作年限、主管业务、直接下属数量等） 公司和您所处业务单元的绩效如何
2	管理者前瞻性行为	日常工作中采取的前瞻性管理活动有哪些 前瞻性管理活动主要的关注点在哪里
3	管理者前瞻性行为影响因素	采取前瞻性管理活动的背景是怎样的 在采取前瞻性管理活动之前主要考虑的因素有哪些 什么是促使您采取这种前瞻性管理活动的
4	管理者前瞻性行为结果因素	采取这种前瞻性管理活动的结果如何 如果再给您一次机会采取措施，您是否会再次采取此手段

五、深度访谈与分析应用策略

探索性研究是研究过程中的第一步，也是极其重要的一个环节，其核心目的在于协助研究者发现问题、分析问题、厘清问题本质，并确立后续的实证研究框架。而深度访谈方法作为探索性案例分析的重要收集与分析资料的方法之一，在本研究过程中的重要作用不言而喻。因此，为了确保整个深度访谈过程与后期资料分析的质量，本研究通过以下策略予以全面保障。

（1）依据研究目的、研究问题与相关理论拟定深度访谈大纲，维持理论效度。

（2）为了控制研究情境，深度访谈均安排在独立封闭的空间中进行。

（3）访谈资料由学生进行记录，构建项目组进行分析讨论，保证研究成果的客观性和合理性。

（4）访谈对象均为公司核心管理层人员，每个公司均对各层级管理人员进行了访谈，研究对象明确。

（5）访谈对象包括不同行业、不同性质的公司，以及不同专业、不同级别的管理层人员，资料信息来源多元化。

（6）访谈中笔录与录音机同时使用，保证访谈信息的完整性。

（7）访谈信息当日整理，未尽事宜与被访谈者通过邮件或电话方式再确认。

（8）将深度访谈所获得的信息与文献探讨的结果对比、分类与诠释。

（9）通过焦点小组的方式再次核实深度访谈所获得的第一手信息。

（10）收集各公司的内外部资料与访谈信息进行对比分析，验证获得信息的真伪。

第三节　探索性案例数据分析与研究发现

一、数据分析

参考Glaser介绍的编码程序，本研究的数据分析包括摘录、编码、归类三个过程[146]。摘录是从原始文本中摘录出与研究主题相关度较高的部分，其目的在于发现主题。由于半结构化深度访谈本身具有一定的发散性，不能时时紧扣主题；同时，为了获得受访者的信任与合作，在访谈过程中还需要主动谈一些题外话。在多人编码且事先没有编码簿的情况下，要想得到编码一致率较高的结果相当困难，甚至是不可能的。因此需要一个摘录过程。编码是将日常生活语言转换为专业学术语言，其目的是发现概念。它是对资料的第一次抽象，主要是一个意义理解和概括表述的过程。归类是将编码中发现的概念进行合并，其目的是发现类属，是对资料更高层次的抽象，主要是发现关联和组合提炼的过程[147]。

本研究将所有受访者的访谈记录资料进行编号，按照访谈顺序为31名访谈者编号，标注为R1~R31。笔者负责对31份访谈记录进行段落摘录，句词摘录、编码与归类由3人编码小组完成，进而将所有访谈资料整理形成两个数据库，即管理者前瞻性行为数据库和其他变量数据库。在编码过程中，由1人进行初次编码，3人一起讨论，对于有异议的地方反复沟通，一致同意后再确定其对应变量。

二、研究发现

1.管理者前瞻性行为变量

利用归纳法对访谈资料进行分析，将被大多数访谈者提及的变量计入模型中，研究发现管理者前瞻性行为主要包括主动思考与进取、识别机会与威胁、实施变革创新、关注长期绩效、持续跟踪改进五个维度。管理者前瞻性行为变量以及受访者谈话例句见表3–5所示。

表3–5　管理者前瞻性行为变量及引用语举例

序号	维度	引用语举例
1	主动思考与进取	A1：我常常思考解决企业现实问题的方法 A2：领导是公司每天走得最晚的一个，他的主动性让人动容 A3：我觉得对的事情，不管多么困难，我都会坚持不懈把它完成
2	识别机会与威胁	B1：公司发展机遇来临前，我已做好准备，而且能够比其他人更早抓住 B2：我多次预知经营风险，并提前做好了准备 B3：我基本上很少仓促行事，我也最反感这种工作方式

续表

序号	维度	引用语举例
3	实施变革创新	C1：领导一直在鼓励我们大胆尝试提高工作质量的新方式 C2：我特别关注我们行业的新技术和新发明 C3：我坚信只有创新与变革企业才能生存
4	关注长期绩效	D1：在工作中，我有自己的长期与近期计划 D2：我经常考虑企业的长远发展问题乃至生存问题 D3：领导经常告诉我们，现在不代表未来，要“大胜勿计小算”
5	持续跟踪改进	E1：公司产品的质量是领导最关心的，一出问题，立即开会讨论寻找一个解决方案 E2：我觉得只有持续的改进企业才能长盛不衰 E3：公司的激励制度很多都是鼓励流程和工艺改进的

2.管理者前瞻性行为影响因素变量

在探索管理者前瞻性行为自身维度的同时，通过访谈法深入挖掘能够致使管理者采取前瞻性行为的影响因素，经过归纳总结，将影响因素划分为个人、组织和外部因素三个层面，其中个人层面的影响因素包括主动性人格、成就动机和自我效能感；组织层面的影响因素包括上级支持和组织文化；外部层面包括外部环境和环境熟识度。管理者前瞻性行为影响因素变量以及受访者谈话例句见表3-6。

表3-6　管理者前瞻性行为影响因素变量及引用语举例

类别	变量	引用语举例
个人层面	主动性人格	A1：我本人的性格决定做事情特别积极主动 A2：我觉得是总经理积极的个性造就做事情干脆利落
	成就动机	B1：别人说我“杞人忧天”，其实我感觉是我内在的需求在起作用 B2：我这人的成就动机特别强，我做事情都是早人一步、胜人一筹
	自我效能感	C1：我坚信我能完成工作任务 C2：我有能力、也有信心挑战那次危机 C3：领导的信心和能力给予我们很大鼓舞，我们也很自信完成任务 C4：过往的经历告诉我们，相信能力不会有错

续表

类别	变量	引用语举例
组织层面	上级支持	D1：公司董事会特别支持我的决定 D2：董事长在私下里和我交谈，告诉我不用担心后果，尽管干 D3：我是董事长一手带起来的，他很信任我
	组织文化	E1：我们企业十分推崇创新与变革 E2：企业的土壤让我们能够实现作为一粒种子的理想 E3：我们的行为举止都特别符合我们的企业文化
外部层面	外部环境	F1：激烈的竞争环境让我们不得不变 F2：我们这个行业环境比较特殊，大小公司没有区别，不上进就退步非常快 F3：良好的外部资源和环境，侧面也激发企业的变革和高速发展
	环境熟识度	G1：如果我能预测环境变化，就必能成功 G2：有些时候，对于环境的影响程度越大，企业创新决策越容易成功 G3：管理者能够预先知晓环境变化

3.组织绩效

在探索管理者前瞻性行为自身维度的同时，通过访谈法深入挖掘采取前瞻性行为之后所产生的绩效结果，经过归纳总结，同时借鉴Robert Kaplan和David Norton提出的平衡计分卡绩效评价体系方法成熟分类模式，将组织绩效分为财务、客户、内部流程和学习成长四个维度。组织绩效变量以及受访者谈话例句见表3–7。

表3-7 组织绩效变量及引用语举例

类别	维度	引用语举例
组织绩效	财务	A1：公司一直保持着较高的销售利润率 A2：公司的投资回报率是行业内靠前的 A3：公司的净利润总额一直是集团各企业中最高的 A4：公司的主营业务收入与创新的举措息息相关 A5：领导采用的管理方法使得公司的经营业绩快速增长
	客户	B1：公司在行业内率先推行新标准，使得客户的满意度大大提升 B2：自采取新政策以来，公司还从未接到过客户投诉 B3：公司的销售增长率和市场占有率均有大幅增加 B4：新产品的开发得到客户的普遍认同 B5：公司的行业排名一直稳居前列
	内部流程	C1：领导特别推崇内部创新，每年的专利数量都是业内最高的 C2：因为领导的创新举措，外部的成本上升，并未给公司带来运营成本的大幅增加 C3：公司特别注重管理过程中的流程再造与改进 C4：公司的人均生产效率是行业内较高的
	学习与成长	D1：公司在行业内第一个实现全面信息化 D2：公司获评最佳雇主称号 D3：公司设立双重职业生涯通道，为员工提高发展空间 D4：领导特别重视培训和企业文化建设 D5：公司建立自助式福利激励手段满足员工需求

另外，众多的案例和访谈中的实例说明，管理者的前瞻性行为均对组织绩效有影响，访谈实例如表3-8所述。案例中各位管理者回顾公司成功的历史经验、引用实际发生的事件，从这五个公司的典型案例中不难发现，管理者的前瞻性行为各维度均对组织绩效产生积极影响。因此，有必要对管理者前瞻性行为对组织绩效的影响机制做进一步的探索与研究，进而提出有效的针对性管理策略。

表3-8 管理者前瞻性行为各维度对组织绩效影响实例

类别	维度	访谈实例举例
管理者前瞻性行为	主动思考与进取	“变被动为主动” DSIC是一家以集装箱货物运输为主营业务的公司。公司文化以“主动式营销和主动式服务”为宗旨，在行动上为客户考虑早一步。公司上下均按照这个宗旨去营销与服务，这与传统的运输业模式稍有差异，业务经理毛×说：“过去我们运输业都是‘等活’居多，不用自己出去跑，客户关注价格多于服务。但随着这几年运输公司的增多，变化比较大，公司经过商讨，创新性的提出要把客户服务和营销前置，这也就是你们说的前瞻性举措吧！我们主动为客户着想，为公司长远着想，当然也为自己的未来着想，变被动为主动了。”
	识别机会与威胁	“变金融危机中的威胁为发展机遇” DPC公司是一家以外贸集装箱码头装卸和堆场服务为主营业务的专业化物流服务公司，在2008年，金融危机席卷全球，港口航运业也进入寒冬，但DPC公司作为其中一员，自身业务收入不仅未受影响，而且逆势增长。当谈及此事时，DPC公司业务经理李×说：“其实这个功绩应记在总经理孙×的身上，我们本来以外贸集装箱业务为主，内贸业务我们是不做的，一来不怎么赚钱，二来无仓储空间。但孙总却说，外贸业务我们已经占省内95%的份额了，内贸业务却是新兴事务，我们得想办法提早进入，因此公司购进了大量的内贸集装箱堆场装卸的专业工具，没想到金融危机爆发，我们提早的准备派上用场，国家的刺激计划使得内贸业务蓬勃发展，而外贸业务萎靡又让我们拥有了充足的仓储空间，公司正是在威胁中找到机会才有当年财务绩效的良好表现。”
	实施变革创新	“变革创新是我们的法宝” TRAND是一家以西服出口业务为主的国际化大型服装企业，随着全球金融危机的爆发，特别是进入2009年后，国际服装市场需求出现明显下滑，出口业务风险急剧加大，公司业务遭到严峻考验。回顾当时的场景，董事长李××语重心长地说：“公司的变革创新才使我们有机会走出困境，它是我们获胜的法宝。公司自2004年开始，我就大力宣扬管理创新，公司也先后推出‘锁定汇率措施’以规避汇率浮动的风险，‘工厂9P建设’以提升产品质量和生产效率，‘零浪费制度’以降低消耗，‘出口信用保险’以规避出口收汇风险……变革创新措施不胜枚举。这些前瞻性的举措才使我们在困境中立于不败之地。”

续表

类别	维度	访谈实例举例
管理者前瞻性行为	关注长期绩效	“大胜勿计小算” UNISA是一家国际航运船舶代理企业，当访谈问及为何矿石船舶代理业务在业内独占鳌头时，矿石船舶业务部经理章××自豪的说：“总经理王×‘大胜勿计小算’的理念成就了我们今天的辉煌。”章经理回忆道：“2007年以前公司的主营业务是集装箱船舶代理，规模虽然赶不上现在，但收益颇丰。2007年9月，一家国际船舶公司找到我们，希望代理无收益甚至可能亏损的矿石船舶，当时公司上下都是反对的声音，一方面是不熟悉此类业务，更重要的原因是风险大、不挣钱。而王宗却说：‘大胜勿计小算！要关注矿石船舶业务长期收益，不要看重眼前利益。’因为这我们才有了今天！”
	持续跟踪改进	“没有完美的质量，只有持续的改善” DMTG是一家主营电子零配件的制造公司，当问及公司成功的原因时，总经理徐××说：“我坚信没有完美的质量，只有持续的改善。这种提法在行业内我是首创，是我个人前瞻性行为的体现，当然我们公司上下也在时刻践行着。”公司的客户也曾反馈道：“DMTG公司的产品我们只检验第一批，只要第一批合格，后面的一批比一批好。”

第四节 探索性案例分析结论与讨论

根据访谈结果，提出管理者前瞻性行为自身测量维度、影响因素以及组织绩效的关系模型（如图3-1所示）。该模型表明，管理者的前瞻性行为是产生组织绩效的一个重要前因变量，而管理者的前瞻性行为本身又受个人、组织、外部等因素的影响。组织绩效属于结果变量，管理者前瞻性行为属于前因变量，个人、组织、外部等因素又作用于前瞻性行为。

一、管理者前瞻性行为的影响因素（图3-1）

1.个人因素

（1）主动性人格。Bateman等人认为主动性人格是个人采取主动行为影响周围环境的一种稳定个性倾向，具有主动性人格的个人有如下行为倾向：喜欢挑战现状而不是被动地接受自己的角色、能够善于寻找和捕捉机会、能主动而果断地采取行动，并坚持不懈实现预期目标；他们是开创者，发现并解决问题、并能够积极变革组织的目标；通过依靠自己来对周围环境产生影响[148]。从Bateman的研究成果发现，其中众多的行为特征符合管理者的行为要求，如挑战现状、开创者等，这也从侧面验证管理者可能具备的主动性人格对前瞻性行为的产生具有积极的作用和影响。因此提出研究假设1，管理者的主动性人格对前瞻性行为有影响。

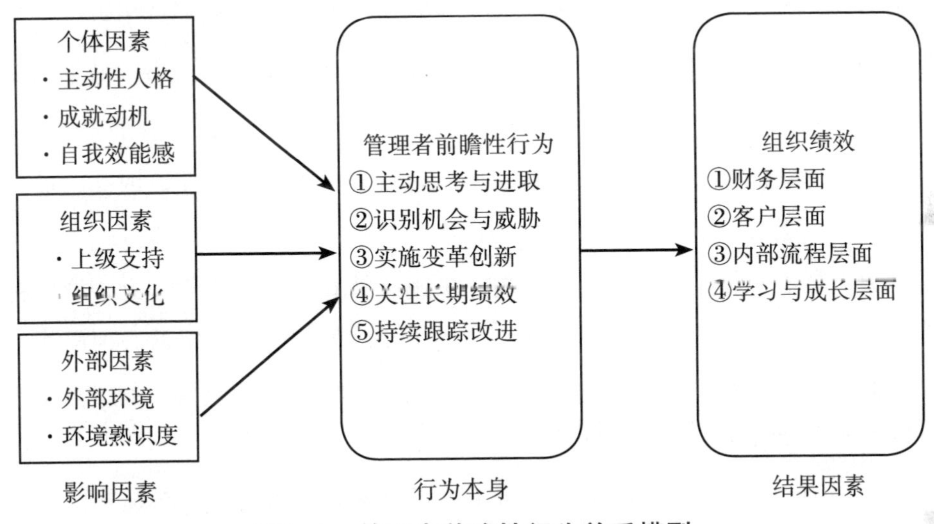

图3–1　管理者前瞻性行为关系模型

（2）成就动机。McClelland将成就动机界定为一种稳定的内在心理倾向——“在具有某种优胜标准的竞争中对成功的关注”[149]。管理者将企业的业绩增长与自身的成功紧密相连，以企业成功作为自身成功的重要评判依据，因此在成就动机的驱动下，管理者会依据企业的状况，率先作出决策与判断，试图成就高绩效，用卓越的绩效标准评价个人成绩，并适时作出调整。从中不难看出，管理者前瞻性行为受个人成就动机的高低所影响。因此得出研究假设2，管理者的成就动机对前瞻性行为有影响。

（3）自我效能感。陆昌勤、方俐洛、凌文辁等的研究表明，管理者的自我效能感就是管理者对自己能否利用所拥有的能力去完成具体管理任务的自信程度的评价[150]。管理者的自我效能感是对自己能力信息的权衡、整合和评估的结果，这种结果对个人行为的选择、目标的设置、完成任务的努力程度、在困难和失败面前的坚定程度、紧张程度等有着深远的影响。管理者的自我效能感越强，个人越坚定，采取的行为越具有挑战性，而管理者本身的大部分挑战性行为本身具有鲜明的前瞻性特征，因此，得出研究假设3，管理者的自我效能感对前瞻性行为有影响。

2.组织因素

（1）上级支持。Kottk和Burke等人指出，上级支持感就是指员工对他们的上级关心和重视他们的贡献的一种整体信念，员工感受到上级为自己提供帮助、鼓励和关心的程度[151~152]。Levinson和Eisenberger等人认为，员工倾向于把组织的代理人的行为当作组织本身的行为[153~154]。上级作为组织的代理人，通常肩负评价员工和向员工传达组织目标和价值观的责任，因此，员工一直都把上级对待他们的方式，作为组织支持的体现，这种支持方式主要包括“关心利益、物质支持、信息支持、情感支持和认同价值”。对于管理者而言，得到更高领导者的价值认同，并给予相应的支持，必定从心理层面激励其努力工作，进而采取相应的管理行为。因此得出研究假设4，上级支持感对管理者的前瞻性行为有影响。

（2）组织文化。Schein提出，企业文化是企业在处理外部环境和内部整合过程中出现的问题时所发展起来的规范和信念体系，主要包括三个交互作用的层次：一是物质层，包括组织的物理特征；二是支持性价值观；包括企业战略、目标、愿景、经营哲学等；三是基本的潜意识假定，包括一些潜意识的信仰、知觉、思想等[155]。三个层次的企业文化内容均与管理者制定的中长期发展规划、经营决策以及日常工作行为相联系，换句话说，管理者的行为同样受企业文化的影响，因此得出研究假设5，企业文化对管理者的前瞻性行为有影响。

3.外部因素

（1）外部环境。Robbins将环境定义为对组织绩效起着潜在影响的外部机构或力量[156]。从客观环境视角看，企业管理者首先需要针对现实环境背景进行准确的环境预测和分析，包括使用一套标准的程序和方法来对环境进行扫描、监察、预测和评估，以服务于企业的战略和发展。但事实上，面对复杂而急剧变化的环境，管理者能否在多大程度上对环境进行准确预测和评估越来越值得怀疑，因此从这一环境视角看，充分发挥自主性和前瞻性正是成功管理者所必须的，由此得出研究假设6，外部环境对管理者的前瞻性行为有影响。

（2）环境熟识度。从主观环境视角看，尽管组织所处的环境是客观的、真实的、具体的，但是对企业决策起直接作用的却是企业管理者头脑中的主观环境判断，该视角也侧面验证管理者对于环境熟识程度的重要性。因此得出研究假设7，环境熟识度对管理者的前瞻性行为有影响。

二、管理者前瞻性行为与组织绩效的关系

如关系模型3-1所示，组织绩效属于结果变量，而管理者的前瞻性行为是产生组织绩效的一个重要前因变量。下面将分别针对管理者前瞻性行为与组织绩效的关系加以论证分析。

1.管理者主动思考与进取维度和组织绩效的关系

管理者引领着企业的发展方向，贾良定等的研究也表明，企业家成功的关键心智能力是远见、洞察力和处理各种关系的聪明程度，并必须寻求市场和产品间的平衡[157]。管理者的主动思考与进取正是个人远见、洞察力的体现方式之一，因此也决定其是否能够成为成功的企业领导者。

思考与进取贵在主动，这正是管理者针对企业面临的现实环境作出管理决策的思想前提和行动准备，管理者思考的焦点在于构建企业发展思路，采取管理行动，而这又恰好与组织整体的绩效相关联，特别是客户层面、内部流程层面和学习与成长层面的关键要素，因此得出研究假设11-1：管理者主动思考与进取和组织绩效呈正相关关系。

2.管理者识别机会与威胁维度和组织绩效的关系

行为导向绩效理论的代表人Campbell认为，工作相关行为（绩效）的决定因素分为直接和间接两类，其中直接决定因素是认知能力、知识和技能以及受激励的程度；间接决定因素是个人的性格特征、学习经历以及二者的相互作用[158]。

识别机会与威胁作为一种个人认知能力的表现方式，恰恰属于影响绩效的决定因素。识别可能的机会与威胁，找到企业的优势与劣势也符合SWOT战略分析的方法。管理者商机的快速识别、经营风险的有效规避，确立业务单元进入的竞争客户和市场环境，制定业务单元在目标客户和市场中的衡量指标，一定会在企业的客户绩效和财务绩效上有所展现，因此得出研究假设11-2：管理者识别机会与威胁和组织绩效呈正相关。

3.管理者实施变革创新维度和组织绩效的关系

企业的长远发展离不开变革与创新，王重鸣、陈民科通过对高级管理者的研究，又发现管理开拓创新能力是八个必备的管理胜任能力之一[159]，而管理者亲自参与实施又为变革和创新的效果增添重要砝码。另外，平衡计分卡的方法中，明确指出内部运营绩效考核应以对客户满意度和实现财务目标影响最大的业务流程为核心。内部运营既包括短期的现有业务的改善，又涉及长远的产品和服务的变革与创新。内部运营层面指标涉及企业的改良/创新过程、经营过程和售后服务过程。这其中突显出变革与创新对于企业绩效的重要作用。

同时过往的研究表明，管理者的领导方式对组织绩效具有重要影响。Bass认为，领导有两类：交易型领导和变革型领导。所谓交易型领导，是指领导与下属之间的关系以一系列的交易和隐含的契约为基础。该类型的领导以奖赏的方式领导下属，当下属完成特定的任务后，便给予承诺和奖赏，整个过程就像一项交易。所谓变革型领导，是指领导者通过改变下属的动机与价值观，例如，提升需要层次、超越自我兴趣等来促进绩效的提高和整个组织的变革[160]。Steyrer和Mende研究发现，在银行业变革型的管理者比事务型的管理者会获得更多的顾客市场份额[161]。R.A.S.Koene等人研究了变革型领导行为对组织气候与财务绩效有显著影响[162]。通过实施变革型领导行为，不仅可以提高员工满意度和生产率，也能提高组织的有效性，加强组织成员间的沟通，激发员工的创新意愿，从而使他们有更强的责任感，努力提高工作质量，促进组织财务绩效的提高。这也从多个层面验证管理者的变革与创新对于组织绩效有显著影响，因此得出假设11-3：管理者实施变革创新与组织绩效呈正相关关系。

4.管理者关注长期绩效维度和组织绩效的关系

管理者对于企业长期绩效的关注，正好符合基于平衡计分卡的绩效评价方法的设计思路，即找出超越传统以财务量度为主的短期、结果性、滞后性绩效评价模式，进而构建财务、客户、内部流程、学习与成长四个方面包含财务指标和非财务指标、长期目标和短期目标、结果性指标与动因性指标、领先指标与滞后指标的全面企业综合绩效评价体系，这其中就确切指出长期绩效的显著作用。另外，管理者对于长期绩效的关注程度也侧面反映出其对于企业现状的掌控状况，找出问题的根源所在，提早作出应对措施，进而确立企业要创造长期的成长和改善而需要建立的基础框架，确立目前和未来成功的关键因素。因此得出假设11-4：管理者关注长期绩效与组织绩效呈正相关。

5.管理者持续跟踪改进维度和组织绩效的关系

依据美国质量管理专家戴明博士的PDCA循环模型，管理的整个过程就是一个循环往复、持续改进的过程。研究结果表明，组织战略对于组织绩效的影响首先在于战略目标的选择与制定，其次在于所选择战略的执行力度。组织中的流程是战略执行的最终载体，从对既定战略的执行力度与能力这一角度来看，流程的组织水平与可达到的绩效对最终的组织绩效起着极为重要的作用[163]。管理者持续跟踪与改进是这一管理的核心流程和方法，正是基于企业存在的潜在问题和矛盾而开展。再好的理念没有贯彻也无济于事，再完美的设想也有未尽之处，这都需要管理者良好的概念技能做支撑，持续跟踪与改进，创造优质组织绩效。基于此得出研究假设11-5，管理者持续跟踪与改进和组织绩效呈正相关。

综合以上各维度分析结果，得出综合研究假设6，管理者前瞻性行为与组织绩效呈正相关。

本研究通过案例研究的方法，揭示管理者前瞻性行为自身的测量维度与组织绩效的关系，以及可能影响管理者前瞻性行为的个人、组织、外部三层面影响因素，丰富前瞻性行为的理论研究文献内容。与以往研究内容相比，本研究的对象选择管理者这一特殊群体，研究内容具有较强的针对性和现实意义，填补此方面研究的空白，并为后续研究做好前期铺垫。本研究内容是管理者前瞻性行为研究的前期研究成果，后续将基于前期5个典型案例样本提出的研究假设内容，通过大规模的实证研究方法加以验证，同时探讨不同层次管理者前瞻性行为内在差异性以及与组织绩效影响内在的作用机制。

第四章　实证研究方法与测量工具

本研究旨在探索管理者前瞻性行为的测量、影响因素及其与绩效等变量的关系，经过前期的文献检索发现，前瞻性行为已经成为学术界及实务界所探讨的焦点，但实证研究的成果并不多。前期采用深度访谈法进行探索性案例分析，以了解实践状况下的真实性与合理性，明晰研究问题的本质，并建立初步的实证研究框架。本章将在前期研究框架和研究假设基础之上，综合前人研究成果，进一步提出研究假设，深化研究框架，说明研究工具、研究对象、资料分析方法，并进行研究工具预试，明确变量操作性定义，验证各变量维度。

第一节　研究假设

一、管理者前瞻性行为影响因素的研究假设

经过前文探索性案例分析研究发现，管理者前瞻性行为可能受到个人、组织和外部三方面因素的综合影响，综合以往研究成果和管理现实状况，各个层级的管理者前瞻性行为均有可能受此三方面因素的作用，进而加以全面验证。

前文的探索性案例研究讨论与结论中，分别在个人因素、组织因素和外部因素三个方面主要得出以下7个假设：

研究假设1，管理者的主动性人格与前瞻性行为呈正相关。

研究假设2，管理者的成就动机与前瞻性行为呈正相关。

研究假设3，管理者的自我效能感与前瞻性行为呈正相关。

研究假设4，上级支持感与管理者前瞻性行为呈正相关。

研究假设5，企业文化与管理者前瞻性行为呈正相关。

研究假设6，外部环境与管理者前瞻性行为呈正相关。

研究假设7，环境熟识度与管理者前瞻性行为呈正相关。

同时，工作胜任程度就是管理者能力满足其职位要求的程度，作为企业的经营管理者，其能力的展现主要体现在采用切实可行的管理行为顺利完成管理活动，这不仅限于个人特质，而且也包含相应的个人行为，而胜任恰恰体现在与未来绩效间的关联性，管理者行为的产生在很大程度上取决于与工作岗位的匹配和胜任程度，因此提出研究假设8，工作胜任程度与管理者的前瞻性行为呈正相关。

工作胜任是管理者从事有效管理活动的前提，而是否管理者个人愿意在工作中寻求自我表现和自我实现，专注于工作之中，对组织的无形承诺，体验工作带来的成就感和快乐，也会从侧面影响管理者采取管理行为的强弱乃至正确程度，而这种专注与愿意正是管理者工作卷入程度的体现。因此得出研究假设9，工作卷入与管理者的前瞻性行为呈正相关。

管理者面临复杂的内外部环境变化，个人工作职责也因岗位等级、工作内容、工作时间等因素展现出不一致性，管理者面临繁杂的工作内容，很可能会提早有机梳理管理流程和实施规范，进而杜绝或避免因工作内容变化和复杂而带来的变化，而这种提早采取的管理活动正是管理者前瞻性行为的现实体现。因此得出研究假设10，工作复杂度与管理者的前瞻性行为呈正相关。

二、管理者前瞻性行为与绩效关系的研究假设

结合前文探索性案例分析研究，以及管理者前瞻性行为各维度与组织绩效的相关性讨论分析，得出研究假设11，管理者前瞻性行为与组织绩效呈正相关，以及研究假设12，管理者前瞻性行为与个人绩效呈正相关。

另外，Johnson和Michiel以购买型组织结构为研究对象，研究了职能型组织结构变革的原因以及这些变革发生的原因。研究发现，环境压力不是驱动组织变革的唯一原因，组织结构受环境和战略的影响，部门化的组织必须与企业的战略和结构一致。企业组织变革的共同驱动力是为了提高企业的成

本结构。组织变革的主要影响者指的是在组织内能引发变革的人或群体，如企业的管理者。管理者受外界压力、内部问题或二者的共同影响，预先进行组织变革[164]。因此得出研究假设13，管理者的前瞻性行为与组织变革呈正相关。

Decanio和Catherine等人的研究成果表明，组织结构能影响组织绩效。他们研究的主要是组织结构和组织绩效间的经济测量。绩效被定义为组织采用了能带来利润的创新所实现的净现值。经济测量主要是测量由替代补偿原则引起的收入不公平。研究的基本思路是组织的适应力取决于组织成员采用的能带来利润的创新活动[165]。结构变革作为组织变革的重要表现形式，也可能会影响组织绩效的综合表现，因此得出研究假设14，组织变革与组织绩效呈正相关；研究假设15，组织变革与个人绩效呈正相关。

基于以上讨论发现，管理者前瞻性行为、组织变革、组织绩效三者两两呈正相关，那是否意味着管理者的前瞻性行为是采用组织变革的方式，进而作用于组织绩效。管理者为了使组织保持高的绩效水平，面对复杂的内部外部环境，率先作出管理决策实施组织变革，改善组织适应力并获得持续成长，进而获得良好的个人绩效和组织绩效。因此得出研究假设16，组织变革对管理者前瞻性行为与个人绩效产生中介效果；研究假设17，组织变革对管理者前瞻性行为与组织绩效产生中介效果。

第二节 研究框架

综合文献探讨、探索性案例分析和研究假设说明推导，得出本文的研究框架（如图4–1所示）。

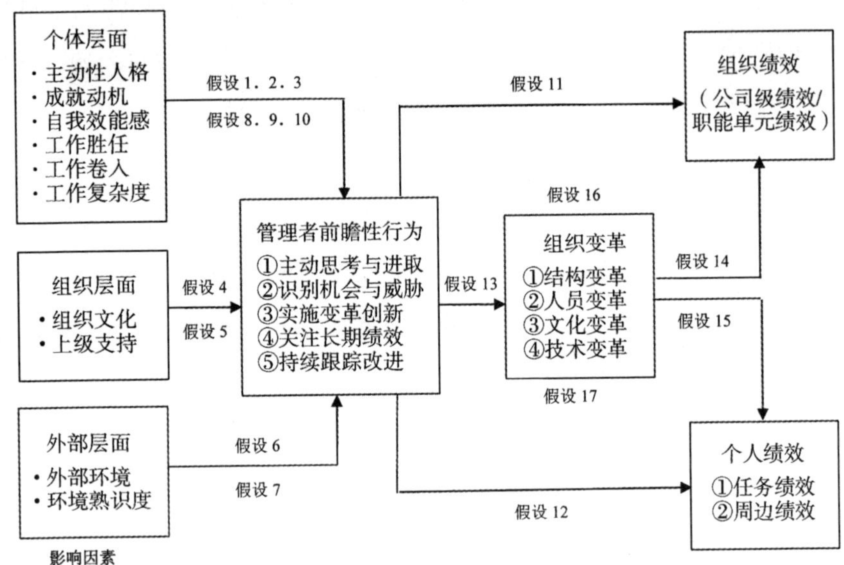

图4-1　研究框架

在管理者前瞻性行为维度的验证与确定的基础之上，探索管理者前瞻性行为个人、组织和外部三个层面的可能影响因素及影响系数，全面验证管理者前瞻性行为与组织变革、组织绩效和个人绩效的关系以及组织变革对于管理者前瞻性行为与个人绩效、组织绩效间的中介效果。

第三节　研究对象与抽样方法

一、研究对象

本文的研究对象为企业高中基层管理者这一群体展开，以期探讨管理者前瞻性行为自身特性、影响因素及其与其他变量的关系。同时，在问卷中设计筛选题项，剔除非管理人员样本。综合考虑样本数量的需要、样本采集的可行性和样本对各变量的说明程度，本次研究的样本主要来源于上海、北京、大连、沈阳、广州、深圳等经济比较发达的城市，一方面样本采集的广泛性有益于分析企业管理者的整体状况，进而使研究更具有可信力、说服力和实际价值；另一方面也有益于分析不同类型、不同行业管理者前瞻性行为的特性以及它们之间的差异，进而使研究成果具有推广意义，更加容易将研究成果有效应用于企业的具体管理实践当中。

尽管发放和收集问卷有一定的难度，特别是高层管理者的问卷比较难于收集，问卷的有效性不容易保证，但得益于学校校友会的资源、EMBA学生、MBA学生以及广大毕业生的资源，促使研究样本的采集更富有效率，也使问卷填答的有效性得到进一步保证。

二、抽样方法

本文对研究对象的定义比较广泛，即研究样本不仅仅包含不同城市、不同行业、不同规模的企业管理人员。样本的随机抽取是保证测量准确性的基础。目前常用的抽样方法有3种，分别为随机抽样、分层随机抽样和整群随机抽样。考虑到在全国范围内随机抽样具有一定的困难，而且说明程度不足，本研究采取的是整群随机抽样，即先选择好经济比较发达的城市，再在这些城市中随机选择企业进行抽样，最后在这些企业中随机发放问卷。为了避免样本来源过于单一，抽样产生误差，本次抽样不仅仅在全国不同城市进行调查抽样，而且在同一城市也选择不同类型和规模的企业进行抽样调查。同时，本研究也采用“雪球抽样法”[166]，请已经接受调查的人员推荐相识的其他人员接受调查，因为使用网络版问卷，因此此种方式比较容易推广，调查人员通过QQ群、人人网、微博等方式转发问卷网址，使得问卷的回收数量大大增加。由于为人员推荐，问卷的信息完整性和可信性也都随之提高。但通过最终提交问卷的IP地址识别发现，最后回收的样本数量在各城市之间分布不平均，主要以北京、上海和大连三地的问卷居多，但其他几个城市的样本数量也足以满足后期进行实证研究的样本需要，这使得本文所作的实证研究更具有科学性和实践性。

三、问卷发放与回收

本研究主要采用问卷调查法收集后期进行实证研究所需要的数据。所有代理调查人员均在进行问卷调查之前由笔者进行了培训，并给予他们详细的指导语和实施手册，要求在调查之前，需明确告知被试者调查结果会完全保密，且仅用于科学研究。同时，在问卷的开头导语中也有详细的填写说明和保密声明，进而保证问卷调查数据的真实性。

问卷的发放同时采用纸质和网络版两种方式，纸质版主要针对EMBA、MBA、在职硕士人员在课间休息进行发放，并简要进行问卷指导，承诺问卷信息仅做研究用途，调查者利用15分钟左右完成问卷，填答完毕及时回收。问卷的发放与回收均已做好编号，保证问卷回收率。

另外，为了获得更广泛的样本数据，开发问卷调查网站用于不适合进行纸质问卷发放区域（网址为：http：//management.dep.dlpu.edu.cn/qn/index.html），被调查者登陆网站进行匿名填答，研究人员通过校友会、同学会、QQ群、微博等方式在网络上利用“雪球抽样法”收集样本数据。网络后台建立数据库，24小时不间断记录被调查者数据，将调查问卷发放以7天为一个周期，分别在不同地区进行推广发放，同时，利用IP地址识别（网址为http：//management.dep.dlpu.edu.cn/qn/result.jsp）的方式，指导和监控不同区域人员完成问卷作答。利用网络技术实现未完成全部题目不能提交问卷结果，进而保证数据的真实性和完整性。

第四节　研究工具与变量操作性定义

一、量表建构步骤

本研究为系统总结管理者前瞻性行为变量自身、影响因素及其他变量的关系。因此，问卷的建构不仅包括管理者前瞻性行为自身的测评量表，而且包括其他变量的测评量表，鉴于二者的建构步骤趋同，在此一并介绍，具体步骤如下：

（1）吸收相关文献内容，应用探索性案例分析结论，借鉴以往成熟量表内容，参酌相关专家的意见，归纳并选择衡量指标、拟定初步测量的维度与问卷题项，形成调查的初始量表。

（2）应用初始量表进行小样本预试，探索管理者前瞻性行为及其他各变量的测量维度结构，形成正式的测量量表。

（3）应用正式测量量表大范围施测，并对施测获取数据进行收集、整理、统计与分析。

（4）检验量表的信度和效度。采用Cronbach's α系数检验量表的信度，并作验证性因素分析，验证问卷的维度结构模型。

（5）对量表的人口统计变量与各相关变量做差异性检验。

问卷建构流程如图4-2所示：

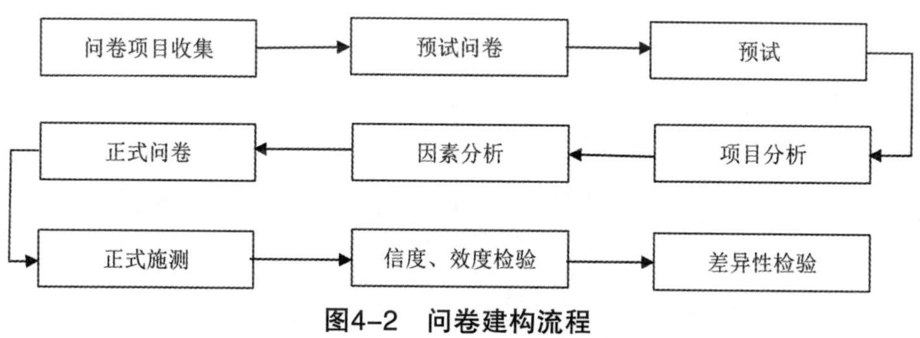

图4-2　问卷建构流程

二、预试

1.被试对象

为了便于问卷的收集和整理，本研究选取大连港集装箱下属34家投资企业的管理人员进行调查，发放问卷121份，回收问卷109份，问卷回收率为90%。被试人员情况如表4-1所示。

表4-1　预试调查样本情况表（n=121）

人口学变量	类别	人数	所占比例（%）
性别	男	82	67.8
	女	39	32.2

续表

人口学变量	类别	人数	所占比例（%）
年龄	25~30岁	19	15.7
	31~40岁	39	32.2
	41~50岁	42	34.7
	50岁以上	21	17.4
教育程度	大专及以下	11	9.1
	本科	66	54.5
	硕士及以上	44	36.4
所在单位性质	国营企业	14	41.2
	合资企业	20	58.8
现任职位	一般工作人员	0	0
	基层管理人员	57	47.1
	中层管理人员	40	33.1
	高层管理人员	24	19.8
职务类别	正职	97	80.2
	副职	24	19.8

2.预试工具

（1）人口统计变量。人口统计变量问题由笔者本人按照调研的需要进行编制，主要包括性别、年龄、职务、教育程度、企业性质等可能与管理者前瞻性行为有关的问题组成。

（2）管理者前瞻性行为影响因素。

①主动性人格：采用Parker（1998）编制的主动性人格测量问卷，单一维度，共计6个题项。

②成就动机：采用王重鸣、杜红（2001）编制的成就动机测量问卷，分为努力工作、团队合作、自我超越和人际竞争4个维度，共计27个题项。

③自我效能感：采用Bosscher等人（1998）编制的一般自我效能感问卷，分为参与活动，付出努力和坚持自我三个维度，共计12个题项。

④工作胜任程度：基于文献分析和案例分析进行自行设计，单一维度，

共计2个题项。

⑤工作卷入：采用周明霞和李博（2006）修订的Kanungo的10题量表，剔出了原始量表中的第一题，单一维度，共计9个题项。

⑥工作复杂度：基于文献分析和案例分析进行自行设计，单一维度，共计2个题项。

⑦上级支持：采用王凤佐（2004）在Kraime和Wayne的基础上编制的第一个适合中国员工的上级支持感问卷，分为关心利益、物质支持、信息支持、情感支持和认同价值5个维度，共计26个题项。

⑧组织文化：采用Dension（1995，2000）的研究成果，共分为宗族型、活力型、层级型和市场型四个维度，共计20个题项。

⑨外部环境：基于文献分析和案例分析进行自行设计，共包括环境动态性、环境宽松性、环境复杂性三个维度，共计17个题项。

⑩环境熟识度：基于文献分析和案例分析进行自行设计，单一维度，共计2个题项。

（3）管理者前瞻性行为。管理者前瞻性行为问卷由笔者本人基于文献分析、探索性案例分析进行开发，共包括主动思考与进取、识别机会与威胁、实施变革创新、关注长期绩效和持续跟踪改进5个维度，共计15个题项。

（4）管理者前瞻性行为结果。

①组织变革：采用杜歧旺（2001）和蔡进培（2005）的研究成果，共包括结构变革、技术变革、人员变革和文化变革四个维度，共计19个题项。

②个人绩效：Motowidlo和Borman（1997）的研究成果，共包括任务绩效和周边绩效两个维度，共计20个题项。

③组织绩效：为了清晰表明不同层级的管理者在组织绩效上的差异，高层管理者组织绩效以公司级绩效代表，中层和基层管理者组织绩效以职能单元绩效代表。其中公司级绩效采用卡普兰和诺顿平衡计分卡绩效模式，包括财务、客户、内部流程、学习与成长四个维度；职能单元绩效则以评价人对部门绩效条目的实际水平进行表征。测量部门绩效的量表直接采用了Shin（2005）的研究，同时又根据Steers（1975）的建议采用多重而非单一因素（变量）的自评方式来衡量组织绩效；量表从三个方面即内部合作程度、成

员责任程度、客户满意程度编排，共计9个题项。

三、问卷修订

1.项目分析

项目区分度，是指项目得分对被试实际能力或心理特质水平的区分能力，也就是项目得分的高低与实际测量一致性的程度，项目分析的方法一般包括：极端组法、相关分析法和因素分析法。本文拟采用极端组法对初始量表中的各个题项进行删减。

项目分析的主要目的在于求出问卷个别题项的临界比率值CR值，将未达到显著水准的题项删除。极端组法的具体操作方法为，将所有受试者在预试问卷的得分总和按高低顺序排列，得分前27%为高分组，得分后27%为低分组，将高低两组受试者在每题得分的平均数进行差异显著性检验（采用独立样本T-test检验方式），如果题项的CR值没有达到显著水平（$\alpha>0.05$），则表明该题项不能鉴别不同受试者的反应程度，应考虑删除该题项。

对于主动性人格量表，根据以上原则进行检验发现，预试量表中的第3，4，6三个题项不满足要求，不能鉴别受试者的反应程度，因此删除这些题项。具体主动性人格量表各题项CR值详见表4-2。

表4-2 初始主动性人格量表项目分析独立性检验（n=121）

变量	量表题项	F	显著性	t	T值显著性
主动性人格	1	5.23	0.03	–4.49	0.00
	2	0.07	0.09	–3.82	0.00
	3	7.77	0.43	–5.37	0.08
	4	11.42	0.53	–2.21	0.33
	5	4.85	0.01	0.09	0.03
	6	10.82	0.00	–8.45	0.96

注：题项号与附录A中初始量表题项号相同。

对于成就动机量表，根据筛选原则进行检验发现，预试量表中的第2，3，7，9，11，14，18，21，24，25，26等11个题项不满足要求，不能鉴别受试者的反应程度，因此删除这些题项。具体成就动机量表各题项CR值详见表4–3。

表4–3　初始成就动机量表项目分析独立性检验（n=121）

变量	量表题项	*F*	显著性	*t*	*T*值显著性
成就动机	1	21.34	0.01	4.98	0.00
	2	1.97	0.27	–9.77	0.49
	3	2.27	0.19	–7.31	0.07
	4	32.04	0.00	5.49	0.00
	5	15.31	0.01	5.01	0.01
	6	3.15	0.00	–2.13	0.00
	7	21.60	0.00	–4.31	0.50
	8	1.84	0.18	–0.87	0.03
	9	0.94	0.34	–7.31	0.08
	10	3.50	0.07	–1.41	0.01
	11	2.17	0.15	–7.58	0.07
	12	0.26	0.61	–2.30	0.02
	13	17.58	0.00	–5.28	0.00
	14	1.64	0.20	–1.89	0.06
	15	33.02	0.00	–5.27	0.00
	16	0.78	0.38	–11.44	0.00
	17	0.40	0.53	–6.92	0.00
	18	0.17	0.68	–4.45	0.09
	19	1.83	0.18	–7.37	0.00
	20	10.26	0.00	–3.02	0.00
	21	3.55	0.06	–7.52	0.10
	22	0.41	0.52	–9.42	0.00
	23	1.30	0.26	–3.65	0.00
	24	3.39	0.07	–3.20	0.07
	25	10.01	0.94	–13.83	0.90
	26	12.05	0.67	–10.03	0.09
	27	0.53	0.23	–2.31	0.00

注：题项号与附录A中初始量表题项号相同。

对于自我效能感量表，根据筛选原则进行检验发现，预试量表中的第6，8两个题项不满足要求，不能鉴别受试者的反应程度，因此删除这些题项。具体自我效能感量表各题项CR值详见表4-4。

表4-4 初始自我效能感量表项目分析独立性检验（n=121）

变量	量表题项	F	显著性	t	T值显著性
自我效能感	1	7.32	0.04	–5.94	0.00
	2	0.02	0.79	–2.11	0.00
	3	9.75	0.01	–9.37	0.00
	4	2.40	0.35	–2.21	0.03
	5	7.85	0.01	0.09	0.00
	6	10.82	0.79	–8.45	0.33
	7	1.60	0.00	–4.31	0.00
	8	1.84	0.18	–0.87	0.39
	9	0.94	0.34	–7.31	0.00
	10	5.50	0.07	–1.41	0.01
	11	1.17	0.15	–7.58	0.00
	12	0.26	0.61	–2.30	0.02

注：题项号与附录A中初始表题项号相同。

对于工作胜任程度量表，根据筛选原则进行检验发现，预试量表中所有题项均满足要求，保留全部题项。具体工作胜任程度量表各题项CR值详见表4-5。

表4-5 初始工作胜任程度量表项目分析独立性检验（n=121）

变量	量表题项	F	显著性	t	T值显著性
工作胜任程度	1	3.45	0.03	–4.49	0.00
	2	2.17	0.59	–3.14	0.00

注：题项号与附录A中初始量表题项号相同。

对于工作卷入量表，根据筛选原则进行检验发现，预试量表中的1，3，6题项不满足要求，因此删除这些题项。具体工作卷入量表各题项CR值详见表4-6。

表4-6 初始工作卷入量表项目分析独立性检验（n=121）

变量	量表题项	F	显著性	t	T值显著性
工作卷入	1	22.14	0.95	14.11	0.73
	2	2.19	0.03	2.81	0.00
	3	10.71	0.23	9.75	0.90
	4	0.40	0.53	−2.12	0.02
	5	1.85	0.01	0.91	0.00
	6	10.82	0.60	−5.45	0.39
	7	1.06	0.00	−3.31	0.00
	8	1.48	0.01	−1.87	0.00
	9	6.94	0.04	−5.13	0.00

注：题项号与附录A中初始量表题项号相同。

对于工作复杂度量表，根据筛选原则进行检验发现，预试量表中所有题项均满足要求，保留全部题项。具体工作复杂度量表各题项CR值详见表4-7。

表4-7 初始工作复杂度量表项目分析独立性检验（n=121）

变量	量表题项	F	显著性	t	T值显著性
工作复杂度	1	16.79	0.03	−9.22	0.00
	2	10.71	0.02	−8.82	0.00

注：题项号与附录A中初始量表题项号相同。

对于上级支持量表，根据筛选原则进行检验发现，预试量表中的第2，5，6，10，19，20，26等7个题项不满足要求，不能鉴别受试者的反应程度，因此删除这些题项。具体上级支持量表各题项CR值详见表4-8。

表4-8 初始上级支持量表项目分析独立性检验（n=121）

变量	量表题项	F	显著性	t	T值显著性
上级支持	1	0.91	0.01	0.49	0.00
	2	12.63	0.97	−13.13	0.43
	3	9.81	0.01	−8.32	0.00
	4	52.47	0.02	−26.44	0.00
上级支持	5	1.85	0.08	0.09	0.93
	6	17.82	0.33	−9.45	0.27
	7	42.60	0.00	−39.31	0.00
	8	1.87	0.18	−0.97	0.00
	9	0.99	0.04	−0.81	0.00
	10	5.50	0.08	−4.41	0.26
	11	4.73	0.05	−7.58	0.00
	12	9.26	0.01	−2.30	0.02
	13	34.13	0.00	−8.95	0.00
	14	16.02	0.02	−9.72	0.00
	15	22.14	0.00	−9.78	0.00
	16	10.34	0.04	−0.32	0.00
	17	11.49	0.03	−6.92	0.00
	18	0.27	0.68	−3.45	0.00
	19	1.93	0.48	−0.67	0.13
	20	8.26	0.11	−2.13	0.21
	21	3.55	0.06	−5.22	0.00
	22	0.78	0.02	−7.72	0.00
	23	2.30	0.26	−3.65	0.00
	24	1.39	0.07	−2.30	0.00
	25	0.71	0.94	−3.83	0.00
	26	6.24	0.88	−9.11	0.23

注：题项号与附录A中初始量表题项号相同。

对于组织文化量表，根据筛选原则进行检验发现，预试量表中的第4，

6，12，16四个题项不满足要求，不能鉴别受试者的反应程度，因此删除这些题项。具体组织文化量表各题项CR值详见表4-9。

表4-9 初始组织文化量表项目分析独立性检验（n=121）

变量	量表题项	F	显著性	t	T值显著性
组织文化	1	19.45	0.03	−14.23	0.00
	2	17.01	0.79	−13.45	0.00
	3	18.65	0.01	−9.97	0.00
	4	3.22	0.53	−2.21	0.13
	5	7.85	0.01	5.09	0.00
	6	0.82	0.18	−0.45	0.11
	7	31.54	0.00	−24.03	0.00
	8	6.84	0.01	−3.44	0.03
	9	12.94	0.02	7.98	0.00
	10	26.50	0.07	−17.91	0.00
	11	9.17	0.05	−8.53	0.00
	12	7.76	0.61	−8.32	0.23
	13	19.23	0.00	−9.19	0.00
	14	12.64	0.02	−11.79	0.01
	15	43.62	0.00	−13.67	0.00
	16	3.78	0.38	−15.36	0.67
	17	0.49	0.03	−4.92	0.00
	18	24.75	0.68	−14.45	0.00
	19	9.83	0.18	−6.35	0.00
	20	10.26	0.31	−9.08	0.00

注：题项号与附录A中初始量表题项号相同。

对于外部环境量表，根据筛选原则进行检验发现，预试量表中的第4，9，11，17四个题项不满足要求，不能鉴别受试者的反应程度，因此删除这些题项。具体外部环境量表各题项CR值详见表4-10。

表4-10 初始外部环境量表项目分析独立性检验（n=121）

变量	量表题项	F	显著性	t	T值显著性
外部环境	1	17.76	0.01	13.88	0.00
	2	23.62	0.00	9.09	0.00
	3	15.46	0.01	12.37	0.00
	4	11.34	0.53	–9.75	0.30
	5	0.85	0.00	0.09	0.00
	6	32.82	0.00	18.67	0.00
	7	2.06	0.00	1.31	0.00
	8	18.84	0.18	–7.35	0.00
	9	0.94	0.34	0.31	0.45
	10	9.55	0.07	–19.41	0.16
	11	2.17	0.15	–7.58	0.09
	12	0.26	0.01	–0.30	0.02
	13	27.18	0.00	–15.28	0.00
	14	1.64	0.02	–0.89	0.00
	15	23.43	0.00	–8.97	0.00
	16	19.78	0.02	13.44	0.00
	17	0.47	0.05	–9.72	0.12

注：题项号与附录A中初始量表题项号相同。

对于环境熟识度量表，根据筛选原则进行检验发现，预试量表中所有题项均满足要求，保留全部题项。具体环境熟识度量表各题项CR值详见表4-11。

表4-11 初始环境熟识度量表项目分析独立性检验（n=121）

变量	量表题项	F	显著性	t	T值显著性
环境熟识度	1	35.11	0.03	19.33	0.00
	2	19.01	0.01	10.18	0.00

注：题项号与附录A中初始量表题项号相同。

对于管理者前瞻性行为量表，根据筛选原则进行检验发现，预试量表中的所有题项均满足要求，可以鉴别受试者的反应程度，因此保留全部这些题项。具体管理者前瞻性行为量表各题项CR值详见表4-12。

表4-12　初始管理者前瞻性行为量表项目分析独立性检验（n=121）

变量	量表题项	F	显著性	t	T值显著性
管理者前瞻性行为	1	9.13	0.03	4.49	0.00
	2	25.47	0.02	23.41	0.00
	3	9.98	0.01	4.73	0.00
	4	17.24	0.56	8.17	0.03
	5	4.56	0.01	5.09	0.03
	6	43.82	0.00	27.76	0.00
	7	31.60	0.00	19.24	0.00
	8	1.84	0.18	0.87	0.00
	9	10.94	0.34	7.31	0.00
	10	13.34	0.07	11.24	0.01
	11	2.17	0.01	8.58	0.00
	12	0.23	0.01	1.13	0.00
	13	17.58	0.00	5.29	0.00
	14	1.64	0.02	0.89	0.00
	15	33.02	0.09	16.27	0.01

注：题项号与附录A中初始量表题项号相同。

对于组织变革量表，根据筛选原则进行检验发现，预试量表中的第1，8，12，18四个题项不满足要求，不能鉴别受试者的反应程度，因此删除这些题项。具体组织变革量表各题项CR值详见表4-13。

表4-13 初始组织变革量表项目分析独立性检验（n=121）

变量	量表题项	F	显著性	t	T值显著性
组织变革	1	0.94	0.34	0.31	0.45
	2	1.84	0.08	0.87	0.03
	3	7.94	0.36	-4.23	0.00
	4	10.73	0.52	-8.67	0.00
	5	18.74	0.18	-8.35	0.00
	6	3.15	0.00	-2.13	0.00
	7	9.05	0.07	-1.41	0.01
	8	3.17	0.15	6.58	0.09
	9	21.60	0.00	-3.31	0.00
	10	3.50	0.07	-1.41	0.01
	11	2.17	0.15	-5.55	0.00
	12	0.94	0.34	-7.31	0.08
	13	7.66	0.00	-4.28	0.00
	14	9.74	0.20	-1.89	0.00
	15	12.03	0.00	5.27	0.00
	16	23.09	0.21	7.12	0.00
	17	0.40	0.53	6.92	0.00
	18	0.19	0.58	4.45	0.09
	19	0.68	0.28	1.44	0.00

注：题项号与附录A中初始量表题项号相同。

对于个人绩效量表，根据筛选原则进行检验发现，预试量表中的第2，4，6，7，11，15，17等7个题项不满足要求，不能鉴别受试者的反应程度，因此删除这些题项。具体个人绩效量表各题项CR值详见表4-14。

表4–14　初始个人绩效量表项目分析独立性检验（n=121）

变量	量表题项	*F*	显著性	*t*	*T*值显著性
个人绩效	1	34.19	0.01	23.35	0.00
	2	0.36	0.77	–0.13	0.43
	3	10.18	0.20	–6.45	0.00
	4	6.74	0.02	–4.57	0.00
	5	52.85	0.91	36.09	0.00
	6	39.47	0.33	–14.65	0.37
	7	0.60	0.51	0.31	0.42
	8	14.43	0.18	–10.25	0.00
	9	0.81	0.04	–0.65	0.00
	10	8.05	0.08	–6.74	0.02
	11	36.17	0.50	17.67	0.40
	12	7.62	0.01	–5.50	0.02
	13	5.77	0.03	–3.69	0.00
	14	80.13	0.02	–69.67	0.00
	15	1.03	0.66	–1.65	0.40
	16	1.39	0.07	–2.30	0.00
	17	4.80	0.74	–2.33	0.52
	18	34.53	0.02	–27.45	0.00
	19	19.59	0.08	–10.30	0.00
	20	6.32	0.14	–4.13	0.00

注：题项号与附录A中初始量表题项号相同。

对于组织绩效量表，根据筛选原则进行检验发现，预试量表公司级绩效中的第2，4，13三个题项和职能单元绩效中的第4题不满足要求，不能鉴别受试者的反应程度，因此删除这些题项。具体组织绩效量表各题项CR值详见表4–15。

表4-15 初始组织绩效量表项目分析独立性检验（n=121）

变量	量表题项	*F*	显著性	*t*	*T*值显著性
公司级绩效	1	7.86	0.03	-6.34	0.00
	2	0.47	0.56	0.41	0.38
	3	10.11	0.01	7.46	0.00
	4	1.23	0.06	0.17	0.21
	5	41.11	0.10	25.05	0.00
	6	43.82	0.00	27.76	0.00
	7	5.47	0.00	2.14	0.00
	8	7.33	0.19	5.11	0.00
	9	8.01	0.34	6.15	0.00
	10	11.22	0.12	10.01	0.01
	11	12.17	0.01	8.58	0.00
	12	30.23	0.01	16.13	0.00
	13	7.58	0.70	5.29	0.41
	14	11.12	0.02	9.30	0.00
职能单元绩效	1	6.01	0.09	4.27	0.01
	2	42.36	0.56	27.09	0.00
	3	32.15	0.01	23.09	0.00
	4	0.82	0.56	0.76	0.31
	5	1.60	0.04	1.02	0.00
	6	21.35	0.18	16.46	0.00
	7	9.47	0.34	7.31	0.00
	8	3.32	0.07	2.42	0.01
	9	3.45	0.01	2.07	0.00

注：题项号与附录A中初始量表题项号相同。

2.因素分析

本文还采用在因素分析中分析项目区分度的方法，即先通过因素分析发现测验中的若干共同因素，再分析每一个题项在各共同因素上的因素负荷，根据负荷量的大小挑选项目。当一个项目在预先假定要测量的因素上有较高的负荷时，该项目就被认为是有较高区分度的，一般要求项目的因素负荷量要在0.30以上才能接受。因为本文采用的初始量表均来源于多次使用过的成熟量表，其中的维度是得到普遍认可和确认的，因此没有必要再对量表进行探索性因素分析，只要采用针对不同维度下的题项进行因素分析，将不能聚合成一个因子的题项删除。为了保证项目区分度，根据每一个题项在各共同因素上的因素负荷量来挑选，选取特征值大于1的因素进行最大正交旋转，保留因素负荷量在0.40以上的题项以保证题项的鉴别力。为了更清晰的看清因素结构，删除相应题项后重新进行因素提取过程，反复进行此过程保证各题项只能聚合成一个因子，保留这些能说明此维度的题项。然后对最后保留下来的题项进行探索性因素分析，保证最后聚合成原始定义的维度模型。

根据以上原则和步骤，成就动机量表又删除第4，5，8，15，16，19题，自我效能感量表又删除第11、12题，工作卷入量表又删除第4，8，9题，上级支持量表又删除第11，12，21，22题，组织文化量表又删除第11，17题，外部环境量表又删除第5，6，13，15题，组织变革量表又删除第4，13，19题，个人绩效量表又删除第12，13，18，19题，组织绩效量表中又删除公司绩效中的7，8，9题。其他各变量量表剩余的题项均满足要求，没有必要再删减。由于统计表格过多，因此本文并没有将所有因素分析统计数据体现在论文中，只在论文中记录重要的统计数据。

（1）探索性因素分析。

采用探索性因素分析方法中的“主成分分析法”和“方差最大法”方法分析资料。根据因素分析的理论，项目的因子载荷值越大说明该项目与公因子之间的关系越密切。同时，在保证某个项目在公因子上载荷值大的前提下，如果项目的共同度（即项目在各个公因子上的载荷值的平方和）也比较大，则说明该项目能被公因子解释的程度越高。因此根据各个项目的因子载荷和共同度的大小就可以推断出每个项目的区分度的好坏。同时，鉴定项目好坏还有一个主观条件就是各个项目组成的公因子必须是可解释的。即便某些项目的因子负载和共同度高，如果组成公因子的各个项目之间矛盾百出，无法解释，这样的公因子也是没有意义的。

由于在多数因素分析中，往往会抽取过多的因素个数，因此可根据陡坡检验的结果尝试采用通过确定因素个数的方法进行反复的题项删减和因素提取，直到所保留的题目经再次因素分析时无须节选的状态。

（2）探索性因素分析结果。

KMO是Kaiser-Meyer-Olkin的取样适当性量数，当KMO值越大时，表示变量间的共同因素越多，根据学者Kaiser的观点，如果KMO的值小于0.5时，不宜进行因素分析。通过项目分析，结合对各因素可解释性的考虑，删除区分度小，多重负荷和无法解释的项目，这可能是因为与原调查样本不同，个人差异性造成的；或者是因为初始问卷中的题目过多，而且很多项目对所要研究的问题不具有代表性，从而造成了这种松散的结构。以下将应用SPSS for Windows 16.0统计学软件对预试回收数据资料中的各变量进行全面分析。

主动性人格初始量表的KMO值为0.67，适合进行因素分析；分析后得到的Bartlett's球形检验的χ^2值为295.19（自由度为3），达到显著，代表母群体的相关矩阵之间有共同因素存在，同样表示适合进行因素分析。经过项目分析和筛选，并通过最大正交旋转方法得到因子解，最终的主动性人格变量量表共剩余3个题项，聚合成1个因子，命名方式与原始命名相同，方差的解释量为65.47%，因子负荷量均在0.7以上。数据分析结果如表4-16、表4-17和表4-18所示。

表4-16　主动性人格初始量表KMO值与Bartlett's球形检验（n=121）

Kaiser-Meyer-Olkin Measure of Sampling Adequacy.		0.67
Bartlett's Test of Sphericity	Approx.Chi-Square	295.19
	df	3.00
	Sig.	0.00

表4-17　主动性人格初始量表因素负荷矩阵（n=121）

量表题项	主动性人格
1	0.85
2	0.79
5	0.78

注：题项号与附录A中初始量表题项号相同。

表4-18 主动性人格初始量表因素分析总变异量解释（n=121）

因素	解释的变异数（%）	累计解释的变异数（%）
主动性人格	65.47	65.47

成就动机初始量表的KMO值为0.859，适合进行因素分析；分析后得到的Bartlett's球形检验的χ^2值为2353.3（自由度为45），达到显著，代表母群体的相关矩阵之间有共同因素存在，同样表示适合进行因素分析。经过项目分析和筛选，并通过最大正交旋转方法得到因子解，最终的成就动机变量量表共剩余10个题项，聚合成2个因子，分别命名为敬业合作和竞争超越，方差的解释量为64.39%，因子负荷量均在0.5以上。数据分析结果如表4-19、表4-20和表4-21所示。

表4-19 成就动机初始量表KMO值与Bartlett's球形检验（n=121）

Kaiser-Meyer-Olkin Measure of Sampling Adequacy.		0.859
Bartlett's Test of Sphericity	Approx.Chi-Square	2353.3
	df	45
	Sig.	0.00

表4-20 成就动机初始量表因素负荷矩阵（n=121）

量表题项	竞争超越	敬业合作
1		0.530
6		0.543
10		0.841
12		0.882
13		0.855
17	0.710	
20	0.788	
22	0.765	
23	0.746	
27	0.584	

注：题项号与附录A中初始量表题项号相同。

表4-21 成就动机初始量表因素分析总变异量解释（n=121）

因素	解释的变异数（%）	累计解释的变异数（%）
敬业合作	34.06	34.06
竞争超越	30.33	64.39

自我效能感量表的KMO值为0.705，适合进行因素分析；分析后得到的Bartlett's球形检验的χ^2值为1050.3（自由度为28），达到显著，代表母群体的相关矩阵之间有共同因素存在，同样表示适合进行因素分析。经过项目分析和筛选，并通过最大正交旋转方法得到因子解，最终的自我效能感变量量表共剩余8个题项，聚合成3个因子，命名方式与原始命名相同，分别为付出努力自我效能感，参与活动自我效能感和坚持自我效能感，方差的解释量为69.32%，因子负荷量均在0.4以上。数据分析结果如表4-22、表4-23和表4-24所示。

表4-22 自我效能感初始量表KMO值与Bartlett's球形检验（n=121）

Kaiser-Meyer-Olkin Measure of Sampling Adequacy.		0.705
Bartlett's Test of Sphericity	Approx.Chi-Square	1050.3
	df	28
	Sig.	0.00

表4-23 自我效能感初始量表因素负荷矩阵（n=121）

量表题项	付出努力自我效能感	参与活动的自我效能感	坚持自我效能感
1	–	0.796	–
2	–	0.567	–
3	0.834	–	–
4	0.825	–	–
5	0.705	–	–
7	–	–	0.799
9	–	–	0.721
10	–	–	0.453

注：题项号与附录A中初始量表题项号相同。

表4-24　自我效能感初始量表因素分析总变异量解释（n=121）

因素	解释的变异数（%）	累计解释的变异数（%）
付出努力自我效能感	30.58	30.58
参与活动的自我效能感	21.00	51.58
坚持自我效能感	17.74	69.32

工作胜任程度初始量表的KMO值为0.65，适合进行因素分析；分析后得到的Bartlett's球形检验的χ^2值为231.19（自由度为3），达到显著，代表母群体的相关矩阵之间有共同因素存在，同样表示适合进行因素分析。经过项目分析和筛选，并通过最大正交旋转方法得到因子解，最终的工作胜任程度变量量表共剩余2个题项，聚合成1个因子，命名方式与原始命名相同，方差的解释量为76.03%，因子负荷量均在0.8以上。数据分析结果如表4-25、表4-26和表4-27所示。

表4-25　工作胜任程度初始量表KMO值与Bartlett's球形检验（n=121）

Kaiser-Meyer-Olkin Measure of Sampling Adequacy.		0.65
Bartlett's Test of Sphericity	Approx.Chi-Square	231.19
	df	3.00
	Sig.	0.00

表4-26　工作胜任程度初始量表因素负荷矩阵（n=121）

量表题项	工作胜任程度
1	0.87
2	0.87

注：题项号与附录A中初始量表题项号相同。

表4-27 工作胜任程度初始量表因素分析总变异量解释（n=121）

因素	解释的变异数（%）	累计解释的变异数（%）
工作胜任程度	76.03	76.03

工作卷入初始量表的KMO值为0.67，适合进行因素分析；分析后得到的Bartlett's球形检验的χ^2值为465.36（自由度为3），达到显著，代表母群体的相关矩阵之间有共同因素存在，同样表示适合进行因素分析。经过项目分析和筛选，并通过最大正交旋转方法得到因子解，最终的工作卷入变量量表共剩余3个题项，聚合成1个因子，命名方式与原始命名相同，方差的解释量为72.03%，因子负荷量均在0.6以上。数据分析结果如表4-28、表4-29和表4-30所示。

表4-28 工作卷入初始量表KMO值与Bartlett's球形检验（n=121）

Kaiser-Meyer-Olkin Measure of Sampling Adequacy.		0.67
Bartlett's Test of Sphericity	Approx.Chi-Square	465.36
	df	3.00
	Sig.	0.00

表4-29 工作卷入初始量表因素负荷矩阵（n=121）

量表题项	工作卷入
1	0.64
2	0.80
5	0.72

注：题项号与附录A中初始量表题项号相同。

表4-30 工作卷入初始量表因素分析总变异量解释（n=121）

因素	解释的变异数（%）	累计解释的变异数（%）
工作卷入	72.03	72.03

工作复杂度初始量表的KMO值为0.76，适合进行因素分析；分析后得到的Bartlett's球形检验的χ^2值为1408.3（自由度为33），达到显著，代表母群体的相关矩阵之间有共同因素存在，同样表示适合进行因素分析。经过项目

分析和筛选，并通过最大正交旋转方法得到因子解，最终的工作复杂度变量量表共剩余2个题项，聚合成1个因子，命名方式与原始命名相同，方差的解释量为66.81%，因子负荷量均在0.8以上。数据分析结果如表4-31、表4-32和表4-33所示。

表4-31　工作复杂度初始量表KMO值与Bartlett's球形检验（n=121）

Kaiser-Meyer-Olkin Measure of Sampling Adequacy.		0.76
Bartlett's Test of Sphericity	Approx.Chi-Square	1408.3
	df	33
	Sig.	0.00

表4-32　工作复杂度初始量表因素负荷矩阵（n=121）

量表题项	工作复杂度
1	0.82
2	0.82

注：题项号与附录A中初始量表题项号相同。

表4-33　工作复杂度初始量表因素分析总变异量解释（n=121）

因素	解释的变异数（%）	累计解释的变异数（%）
工作复杂度	66.81	66.81

上级支持量表的KMO值为0.89，适合进行因素分析；分析后得到的Bartlett's球形检验的χ^2值为3564.3（自由度为105），达到显著，代表母群体的相关矩阵之间有共同因素存在，同样表示适合进行因素分析。经过项目分析和筛选，并采用固定因素个数方法进行因素提取，通过最大正交旋转方法得到因子解，最终的上级支持变量量表共剩余14个题项，聚合成5个因子，命名方式与原始命名相同，分别为关心利益、物质支持、信息支持、情感支持和认同价值，方差的解释量为74.09%，因子负荷量均在0.4以上。数据分析结果如表4-34、表4-35和表4-36所示。

表4-34 上级支持初始量表KMO值与Bartlett's球形检验（n=121）

Kaiser-Meyer-Olkin Measure of Sampling Adequacy.		0.89
Bartlett's Test of Sphericity	Approx.Chi-Square	3564.3
	df	105
	Sig.	0.00

表4-35 上级支持初始量表因素负荷矩阵（n=121）

量表题项	关心利益	物质支持	信息支持	情感支持	认同价值
1	0.72	–	–	–	–
2	0.78	–	–	–	–
3	0.78	–	–	–	–
5	–	0.72	–	–	–
7	–	0.76	–	–	–
8	–	0.62	–	–	–
9	–	–	0.64	–	–
10	–	–	0.55	–	–
13	–	–	0.62	–	–
14	–	–	–	0.71	–
15	–	–	–	0.78	–
18	–	–	–	0.44	–
19	–	–	–	–	0.82
20	–	–	–	–	0.43

注：题项号与附录A中初始量表题项号相同。

表4-36 上级支持初始量表因素分析总变异量解释（n=121）

因素	解释的变异数（%）	累计解释的变异数（%）
关心利益	23.21	23.21
物质支持	21.01	44.22
信息支持	14.59	58.81
情感支持	7.75	65.56
认同价值	7.53	74.09

组织文化量表的KMO值为0.83，适合进行因素分析；分析后得到的Bartlett's球形检验的 χ^2 值为3216.3（自由度为66），达到显著，代表母群体的相关矩阵之间有共同因素存在，同样表示适合进行因素分析。经过项目分析和筛选，并采用固定因素个数方法进行因素提取，通过最大正交旋转方法得到因子解，最终的组织文化变量量表共剩余14个题项，聚合成4个因子，命名方式与原始命名相同，分别为宗族型、活力型、层级型和市场型，方差的解释量为76.00%，因子负荷量均在0.2以上。数据分析结果如表4-37、表4-38和表4-39所示。

表4-37　组织文化初始量表KMO值与Bartlett's球形检验（n=121）

Kaiser-Meyer-Olkin Measure of Sampling Adequacy.		0.83
Bartlett's Test of Sphericity	Approx.Chi-Square	3216.3
	df	66
	Sig.	0.00

表4-38　组织文化初始量表因素负荷矩阵（n=121）

量表题项	宗族型	活力型	层级型	市场型
1	0.51	–	–	–
2	0.27	–	–	–
3	0.29	–	–	–
5	0.36	–	–	–
7	–	0.76	–	–
8	–	0.84	–	–
9	–	0.32	–	–
10	–	0.24	–	–
13	–	–	0.32	–
14	–	–	0.24	–
15	–	–	0.42	–
18	–	–	–	0.35
19	–	–	–	0.23
20	–	–	–	0.21

注：题项号与附录A中初始量表题项号相同。

表4-39 组织文化初始量表因素分析总变异量解释（n=121）

因素	解释的变异数（%）	累计解释的变异数（%）
宗族型	25.21	25.21
活力型	22.45	47.66
层级型	15.30	62.96
市场型	13.04	76.00

外部环境量表的KMO值为0.707，适合进行因素分析；分析后得到的Bartlett's球形检验的χ^2值为1946.3（自由度为36），达到显著，代表母群体的相关矩阵之间有共同因素存在，同样表示适合进行因素分析。经过项目分析和筛选，并采用固定因素个数方法进行因素提取，通过最大正交旋转方法得到因子解，最终的外部环境变量量表共剩余9个题项，聚合成3个因子，命名方式与原始命名相同，分别为环境动态性、环境宽松性和环境复杂性，方差的解释量为74.96%，因子负荷量均在0.4以上。数据分析结果如表4-40、表4-41和表4-42所示。

表4-40 外部环境初始量表KMO值与Bartlett's球形检验（n=121）

Kaiser-Meyer-Olkin Measure of Sampling Adequacy.		0.707
Bartlett's Test of Sphericity	Approx.Chi-Square	1946.3
	df	36
	Sig.	0.00

表4-41 外部环境初始量表因素负荷矩阵（n=121）

量表题项	环境动态性	环境宽松性	环境复杂性
1	0.882	–	–
2	0.679	–	–
3	0.454	–	–
7	–	0.854	–
8	–	0.846	–
10	–	0.789	–

续表

量表题项	环境动态性	环境宽松性	环境复杂性
12	–	–	0.677
14	–	–	0.893
16	–	–	0.902

注：题项号与附录A中初始量表题项号相同。

表4-42 外部环境初始量表因素分析总变异量解释（n=121）

因素	解释的变异数（%）	累计解释的变异数（%）
环境动态性	32.36	32.36
环境宽松性	23.77	56.13
环境复杂性	18.83	74.96

环境熟识度量表的KMO值为0.75，适合进行因素分析；分析后得到的Bartlett's球形检验的χ^2值为1398.0（自由度为31），达到显著，代表母群体的相关矩阵之间有共同因素存在，同样表示适合进行因素分析。经过项目分析和筛选，并通过最大正交旋转方法得到因子解，最终的环境熟识度变量量表共剩余2个题项，聚合成1个因子，命名方式与原始命名相同，方差的解释量为73.12%，因子负荷量均在0.8以上。数据分析结果如表4-43、表4-44和表4-45所示。

表4-43 环境熟识度初始量表KMO值与Bartlett's球形检验（n=121）

Kaiser-Meyer-Olkin Measure of Sampling Adequacy.		0.75
Bartlett's Test of Sphericity	Approx.Chi-Square	1398.0
	df	31
	Sig.	0.00

表4-44 环境熟识度初始量表因素负荷矩阵（n=121）

量表题项	环境熟识度
1	0.86
2	0.86

注：题项号与附录A中初始量表题项号相同。

表4-45 环境熟识度初始量表因素分析总变异量解释（n=121）

因素	解释的变异数（%）	累计解释的变异数（%）
环境熟识度	73.12	73.12

管理者前瞻性行为量表的KMO值为0.871，适合进行因素分析；分析后得到的Bartlett's球形检验的χ^2值为3910.3（自由度为31），达到显著，代表母群体的相关矩阵之间有共同因素存在，同样表示适合进行因素分析。经过项目分析和筛选，并通过最大正交旋转方法得到因子解，最终的管理者前瞻性行为变量量表共剩余15个题项，聚合成5个因子，命名方式与原始命名相同，分别为主动思考与进取、识别机会与威胁、实施变革创新、关注长期绩效、持续跟踪改进，方差的解释量为74.89%，因子负荷量均在0.2以上。数据分析结果如表4-46、表4-47和表4-48所示。

表4-46 管理者前瞻性行为初始量表KMO值与Bartlett's球形检验（n=121）

Kaiser-Meyer-Olkin Measure of Sampling Adequacy.		0.871
Bartlett's Test of Sphericity	Approx.Chi-Square	3910.3
	df	105
	Sig.	0.00

表4-47 管理者前瞻性行为初始量表因素负荷矩阵（n=121）

量表题项	主动思考与进取	识别机会与威胁	实施变革创新	关注长期绩效	持续跟踪改进
1	0.30	-	-	-	-
2	0.90	-	-	-	-
14	0.25	-	-	-	-
6	-	0.56	-	-	-
7	-	0.61	-	-	-
15	-	0.26	-	-	-
3	-	-	0.47	-	-
4	-	-	0.58	-	-
12	-	-	0.27	-	-
10	-	-	-	0.54	-

续表

量表题项	主动思考与进取	识别机会与威胁	实施变革创新	关注长期绩效	持续跟踪改进
11	–	–	–	0.44	–
13	–	–	–	0.29	–
5	–	–	–	–	0.32
8	–	–	–	–	0.40
9	–	–	–	–	0.23

注：题项号与附录A中初始量表题项号相同。

表4–48　管理者前瞻性行为初始量表因素分析总变异量解释（n=121）

因素	解释的变异数（%）	累计解释的变异数（%）
主动思考与进取	19.31	19.31
识别机会与威胁	18.59	37.90
实施变革创新	12.93	50.83
关注长期绩效	12.75	63.58
持续跟踪改进	11.31	74.89

组织变革量表的KMO值为0.903，适合进行因素分析；分析后得到的Bartlett's球形检验的χ^2值为4183.3（自由度为66），达到显著，代表母群体的相关矩阵之间有共同因素存在，同样表示适合进行因素分析。经过项目分析和筛选，并通过最大正交旋转方法得到因子解，最终的组织变革变量量表共剩余12个题项，聚合成4个因子，命名方式与原始命名相同，分别为结构变革、技术变革、人员变革和文化变革，方差的解释量为80.86%，因子负荷量均在0.2以上。数据分析结果如表4–49、表4–50和表4–51所示。

表4–49　组织变革初始量表KMO值与Bartlett's球形检验（n=121）

Kaiser–Meyer–Olkin Measure of Sampling Adequacy.		0.903
Bartlett's Test of Sphericity	Approx.Chi–Square	4183.3
	df	66
	Sig.	0.00

表4-50 组织变革初始量表因素负荷矩阵（n=121）

量表题项	结构变革	技术变革	人员变革	文化变革
2	0.81	–	–	–
3	0.87	–	–	–
5	0.28	–	–	–
6	–	0.65	–	–
7	–	0.32	–	–
9	–	0.30	–	–
10	–	–	0.70	–
11	–	–	0.20	–
14	–	–	0.44	–
15	–	–	–	0.42
16	–	–	–	0.36
17	–	–	–	0.22

注：题项号与附录A中初始量表题项号相同。

表4-51 组织变革初始量表因素分析总变异量解释（n=121）

因素	解释的变异数（%）	累计解释的变异数（%）
结构变革	32.88	32.88
技术变革	22.81	55.69
人员变革	13.10	68.79
文化变革	12.07	80.86

个人绩效量表的KMO值为0.899，适合进行因素分析；分析后得到的Bartlett's球形检验的χ^2值为2446.3（自由度为36），达到显著，代表母群体的相关矩阵之间有共同因素存在，同样表示适合进行因素分析。经过项目分析和筛选，并通过最大正交旋转方法得到因子解，最终的个人绩效变量量表共剩余9个题项，聚合成2个因子，命名方式与原始命名相同，分别为任务绩效和周边绩效，方差的解释量为68.75%，因子负荷量均在0.6以上。数据分析结果如表4-52、表4-53和表4-54所示。

表4-52　个人绩效初始量表KMO值与Bartlett's球形检验（n=121）

Kaiser-Meyer-Olkin Measure of Sampling Adequacy.		0.899
Bartlett's Test of Sphericity	Approx.Chi-Square	2446.3
	df	36
	Sig.	0.00

表4-53　个人绩效初始量表因素负荷矩阵（n=121）

量表题项	任务绩效	周边绩效
1	0.675	–
3	0.653	–
5	0.692	–
8	0.805	–
9	0.700	–
10	–	0.872
14	–	0.855
16	–	0.804
20	–	0.625

注：题项号与附录A中初始量表题项号相同。

表4-54　个人绩效初始量表因素分析总变异量解释（n=121）

因素	解释的变异数（%）	累计解释的变异数（%）
任务绩效	36.82	36.82
周边绩效	31.93	68.75

公司级绩效量表的KMO值为0-808，适合进行因素分析；分析后得到的Bartlett's球形检验的χ^2值为1577.3（自由度为21），达到显著，代表母群体的相关矩阵之间有共同因素存在，同样表示适合进行因素分析。经过项目分析和筛选，并通过最大正交旋转方法得到因子解，最终的公司级绩效变量量表共剩余8个题项，聚合成4个因子，命名方式与原始命名相同，分别为财务、客户、内部流程和学习与成长，方差的解释量为87.33%，因子负荷量均在0.2以上。数据分析结果如表4-55、表4-56和表4-57所示。

表4-55 公司级绩效初始量表KMO值与Bartlett's球形检验（n=121）

Kaiser-Meyer-Olkin Measure of Sampling Adequacy.		0.808
Bartlett's Test of Sphericity	Approx.Chi-Square	1577.3
	df	21
	Sig.	0.00

表4-56 公司级绩效初始量表因素负荷矩阵（n=121）

量表题项	财务	客户	内部流程	学习与成长
1	0.634	–	–	–
3	0.323	–	–	–
5	–	0.681	–	–
6	–	0.880	–	–
10	–	–	0.928	–
11	–	–	0.739	–
12	–	–	–	0.870
14	–	–	–	0.255

注：题项号与附录A中初始量表题项号相同。

表4-57 公司级绩效初始量表因素分析总变异量解释（n=121）

因素	解释的变异数（%）	累计解释的变异数（%）
财务	25.58	25.58
客户	25.48	51.06
内部流程	21.52	72.58
学习与成长	14.75	87.33

职能单元绩效量表的KMO值为0.838，适合进行因素分析；分析后得到的Bartlett's 球形检验的χ^2值为2723.3（自由度为28），达到显著，代表母群体的相关矩阵之间有共同因素存在，同样表示适合进行因素分析。经过项目分析和筛选，并通过最大正交旋转方法得到因子解，最终的职能单元绩效变量量表共剩余6个题项，聚合成3个因子，命名方式与原始命名相同，分别为内部合作程度、成员责任程度和客户满意程度，方差的解释量为89.20%，因子

负荷量均在0.4以上。数据分析结果如表4-58、表4-59和表4-60所示。

表4-58　职能单元绩效初始量表KMO值与Bartlett's球形检验（n=121）

Kaiser-Meyer-Olkin Measure of Sampling Adequacy.		0.838
Bartlett's Test of Sphericity	Approx.Chi-Square	2723.3
	df	28
	Sig.	0.00

表4-59　职能单元绩效初始量表因素负荷矩阵（n=121）

量表题项	内部合作程度	成员责任程度	客户满意程度
1	0.872	–	–
2	0.860	–	–
3	–	0.480	–
5	–	0.860	–
6	–	–	0.863
7	–	–	0.802

注：题项号与附录A中初始量表题项号相同。

表4-60　职能单元绩效初始量表因素分析总变异量解释（n=121）

因素	解释的变异数（%）	累计解释的变异数（%）
内部合作程度	29.93	29.93
成员责任程度	29.86	57.79
客户满意程度	29.41	89.20

一般情况下各因子累积方差达到60%以上，量表具有良好的结构效度。本次分析的两个量表的方差解释量都在60%以上，说明量表的结构效度符合要求。在共通度方面，绝大部分的项目共通性在0.5以上，说明公因子解释了观测变量的大部分变异，而且符合原始成熟量表结果，命名方式与原始命名相同。

因此，经过量表修止、项目分析和因素分析，本文已经解决了第一个关键问题，即确认各变量的测量维度和题项，各变量、维度名称和题项数量见表4-61，最后形成的正式调查问卷详见附录B。

表4-61 正式问卷变量名称、维度名称和测量题项数量表

变量	维度	题项数
主动性人格	——	3
成就动机	敬业合作	5
	竞争超越	5
自我效能感	参与活动自我效能	2
	付出努力自我效能	3
	坚持自我效能	3
工作胜任程度	——	2
工作卷入	——	3
工作复杂度	——	2
上级支持	关心利益	3
	物质支持	3
	信息支持	3
	情感支持	3
	认同价值	3
组织文化	宗教型	3
	活力型	3
	层级型	3
	市场型	3
外部环境	环境动态性	3
	环境宽松性	3
	环境复杂性	3
环境掌控度	——	2
管理者前瞻性行为	主动思考与进取	3
	识别机会与威胁	3
	实施变革创新	3
	关注长期绩效	3
	持续跟踪改进	3

续表

变量		维度	题项数
组织变革		结构变革	3
		技术变革	3
		人员变革	3
		文化变革	3
个人绩效		任务绩效	5
		周边绩效	4
组织绩效	公司级绩效	财务层面	2
		客户层面	2
		内部流程层面	2
		学习与成长层面	2
	职能单元绩效	内部合作程度	2
		成员责任程度	2
		客户满意程度	2

四、变量操作性定义

（1）主动性人格：作为组织行为中的一个主动性成分，是管理者个人采取主动行为影响周围环境的一种稳定倾向。

（2）成就动机：管理者获取成就的内在驱动力。

敬业合作：管理者自身工作投入，追求工作本身乐趣，创造团队合作氛围，追求绩效实现的驱动力；

竞争超越：以管理者自我/他人为参照，努力超越自我/他人，并在竞争和超越中获胜的驱动力。

（3）自我效能感：管理者对自己实现特定领域行为目标所需能力的信心或信念程度的评价。

参与活动自我效能：管理者主动采取管理行为的程度；

付出努力自我效能：管理者执行管理行为个人付出努力的程度；

坚持自我效能：管理者面临逆境或困难时锲而不舍的程度。

（4）工作胜任程度：管理者的能力满足其职位要求的程度。

（5）工作卷入：管理者在认知上专心从事以及关心自己目前工作的程度。

（6）工作复杂度：管理者所从事工作岗位内容的变化或繁杂程度。

（7）上级支持：管理者感受到上级为自己提供帮助、鼓励和关心的程度。

关心利益：管理者感知到直属上级关注其个人物质、精神等方面利益的程度；

物质支持：管理者感知到直属上级给予其物质方面帮助和激励的程度；

信息支持：管理者感知到直属上级给予其信息方面帮助和激励的程度；

情感支持：管理者感知到直属上级给予其情感方面帮助和激励的程度；

认同价值：管理者感知到直属上级认可和奖励其个人价值的程度。

（8）组织文化：企业文化是一套价值、信念及行为模式建立的一个组织的核心体；组织成员所持有的基本的信念、价值观和假设以及表现出来的实践和行为。

适应性文化是强调企业文化对组织感知外界环境并作出响应的能力，组织对内部顾客作出响应的能力；

使命性文化是关于组织及其成员的功能和目的的共识；

参与性文化是指组织员工的投入和参与程度；

一致性文化是指广泛共享的信念、价值观、有助于组织成员之间达成共识，并采取协调一致的行动。

（9）外部环境：管理者在采取管理活动的整个过程中，对其产生影响的一系列外部要素条件及其组合。

环境动态性：说明管理者运用过去的知识和经验对可能事件的可处理和可预测程度；

环境宽松性：外部环境中管理者可用的和所需要资源的充裕程度；

环境复杂性：管理者在进行外部环境分析时所应当考虑的环境因素的总量水平。

（10）环境熟识度：管理者对于外部环境的认识、预测和应变程度。

（11）管理者前瞻性行为：管理者针对未来可能的机会和威胁，为改进现实状况而主动采取的创新性管理活动。

主动思考与进取：管理者面对现状利用超前思维积极主动工作；

识别机会与威胁：管理者提前规避风险、抓住机遇；

实施变革创新：管理者采取创新与变革举措行为；

关注长期绩效：管理者明确组织长远发展目标，关注综合业绩表现；

持续跟踪改进：管理者应用管理手段不断改进或标准化。

（12）组织变革：在内外环境的影响下，企业为了实现组织目标，对目前的状态（包括内部结构、技术、人员、制度等）加以调整并朝着未来想要的状态发展的过程。

结构变革：组织兼顾内外需求，对实质性的组织设计进行修改，包括任务与权责的划分、组织目标与设计、组织机构的功能与绩效评价制度等；

人员变革：包括对员工知识、观念态度、个人行为及整个群体行为的变革保证合理利用各种资源，提升完成组织目标的能力；

技术变革：组织成员积极学习新设备或新技术的操作，并将其运用于改进管理方式、创新资讯的获取及使生产方式多元化等；

文化变革：组织里大部分成员所共同分享的价值与信仰体系的改变。

（13）个人绩效：组织期望的结果，组织为实现其目标而展现在个人层面上的有效输出。

任务绩效是与具体职务的工作内容密切相关的，同时也和个人的能力、完成任务的熟练程度和工作知识密切相关的绩效。

周边绩效是与绩效的组织特征密切相关的行为。这种行为虽然对于组织的技术核心的维护和服务没有直接的关系，但是从更广泛的企业运转环境与企业的长期战略发展目标来看，这种行为非常重要。

（14）组织绩效：是指组织在某一时期内组织任务完成的数量、质量、效率及盈利情况。

公司级绩效：公司层面的综合业绩表现；

财务层面：显示企业的战略实施和执行对改善企业盈利作出贡献程度；

客户层面：管理者确立公司将竞争的客户和市场，以及业务单位在这些目标客户和市场中的业绩表现状况；

内部流程层面：管理者确认组织擅长的关键的内部流程，这些流程帮助业务单位提供价值主张的表现状况；

学习与成长层面：管理者确立企业要创造长期的成长与改善建立的基础框架，目前和未来成功关键因素的表现状况；

职能单元绩效：管理者所管辖范围内的综合业绩表现；

内部合作程度：职能单元内部员工之间分享与配合状况；

成员责任程度：职能单元内部员工职责分工完成状况；

客户满意程度：内外部客户对于服务的评价状况。

第五节　数据资料分析方法

一、因素分析

本文将分别针对管理者前瞻性行为自身及其相关变量进行因素分析对测量维度进行探索和验证，并对测量题项进行修正和删减。因素分析采用主成分分析法，萃取特征值大于1的因素，并以方差最大旋转法的正交转轴方法求出各公共因素。方差最大旋转法的目的在于使转轴后的每个公共因素的负载向正负1或者0靠近，有利于解释公共因素的实际含义，进而便于对此因素进行命名。同时，通过因素分析方法验证各变量测量工具的建构效度。

二、信度分析

由于本研究的测量工具大部分为自行开发，部分属于修改后使用的，同时调查的群体也有所差异，因此需要对量表的信度进行检验，实际测量中也需要进行信度分析。通过计算出各因素的Cronbach's α系数，以检验各因素衡量题目的内部一致性。Nunnally（1967）指出，在初步研究中，Cronbach's α系数只要在0.5~0.6就可以接受。Churchill（1979）则认为，在基础研究中

Cronbach's α系数达到0.7较为理想，达到0.5以上可以接受。信度值超过0.7成为高信度，低于0.35则应被拒绝。

三、描述性统计分析

需要对诸如性别、年龄、教育程度、学历、职务类别、工作时间等样本特征的分布进行统计描述，同时还要对管理者前瞻性行为自身及其他相关变量的各题项和维度的均值、标准差和各变量所含维度间的相关矩阵进行描述，计算样本各项人口统计变量的频次、百分比、平均值、标准差等以了解样本的组成情况。同时，描述样本的发放与回收情况，计算有效回收率。采用方差分析检验人口统计变量与管理者前瞻性行为是否存在显著差异。

四、相关分析

相关分析主要用于检验管理者前瞻性行为及其他变量总体及各维度之间的相关程度与显著性水平，使用SPSS统计分析工具中的Pearson积差相关分析方法完成。

五、回归分析

回归分析进一步探寻验管理者前瞻性行为及其他变量各个相关维度的影响系数，以便建立和验证管理者前瞻性行为及其他变量的影响模型。在进行回归分析时，必须检验资料是否有多重共线性问题以及是否存在异方差问题。多重共线性问题的存在会使多个变量有共同的变化趋势，从而使个别自变量的贡献程度受到干扰而造成统计推论上的误差，影响到其他变量的解释能力。异方差问题是指随着自变量的变化，因变量的方差存在明显的变化趋势，从而影响自变量的解释能力。有关异方差问题的测定可以通过残差图来判断。而共线性的测定可以利用方差膨胀因子（VIF）来判断，VIF值为容忍度的倒数。Hair，Anderson和Black建议以VIF值为10当作判断是不是多重共线性的标准，一般而言VIF大于10时认为存在多重共线性。与此同时，Hair，Anderson和Black也指出，研究者也可以自行决定多重共线性的判断标准，因为大部分研究仍允许部分共线性存在。本研究为消除共线性的问题，将会采用SPSS软件中包含的多元回归分析中的“逐步回归法”来完成。

六、层级回归分析

利用层级回归分析来验证组织变革是否分别对管理者前瞻性行为与个人绩效、组织绩效间产生中介效果。以回归模式验证中介效果必须同时满足三个基本条件：一是自变量与因变量存在显著的相关性，二是自变量与中介变量存在显著的相关性，三是自变量与因变量的显著关系会由于中介变量介入回归模式后变得较不显著。

第五章　研究结果分析

本研究主旨是探讨管理者前瞻性行为的影响因素及其与绩效的关系，此外，另一个要研究的重要问题是了解组织变革是否是管理者前瞻性行为与绩效之间的中介变量。因此，本研究根据研究框架提出的假设将在本章中分别验证。运用的方法主要包括：方差分析、相关分析、多元回归分析以及层次回归分析。

第一节　研究样本简要描述

本研究在大连、沈阳、北京、上海、深圳等地通过纸质版和网络版（网址：http：//management.dep.dlpu.edu.cn/qn/index.html）以方便被试者填答为原则，发放相应实测问卷，回收问卷819份，筛选出题目全部填答问卷，再通过问卷中设置的反向题剔除无效问卷，同时剔除非管理人员填答的问卷，实际可供分析的有效问卷645份，有效率78.8%。

研究样本人口统计变量（如表5-1所示），性别方面，男性居多，占60.2%，女性为39.8%；年龄方面，以31~40岁和41~50岁人员居多，分别占50.6%和41.6%；教育程度方面，本科学历占大多数，为65.4%；所在企业性质方面，以国营企业和民营企业居多，分别占30.5%和30.2%；现任职位方面，以基层和中层管理人员居多，分别占34.7%和40.8%；职务类别方面，以正职人员居多，占67.4%；公司人数方面，以300人以上公司居多，占37.1%；所管辖人数方面，以5~9人居多，占55.8%；工作年限方面，以4~6年和8年以上人员居多，分别占26.0%和27.6%。

表5-1 正式调查样本情况表（n=645）

人口学变量	类别	人数	所占比例（%）
性别	男	388	60.2
	女	257	39.8
年龄	25~30岁	43	6.7
	31~40岁	327	50.6
	41~50岁	268	41.6
	50岁以上	7	1.1
教育程度	大专及以下	50	7.8
	本科	422	65.4
	硕士及以上	173	26.8
所在单位性质	国营企业	197	30.5
	外资企业	123	19.1
	合资企业	67	10.4
	民营企业	195	30.2
	其他	63	9.8
现任职位	基层管理人员	224	34.7
	中层管理人员	263	40.8
	高层管理人员	158	24.5
职务类别	正职	435	67.4
	副职	188	29.2
	其他	22	3.4
公司人数	20人及以下	90	14.0
	20~50人	68	10.5
	50~100人	125	19.4
	100~300人	123	19.1
	300人以上	239	37.1
所管辖人数	1~4人	80	12.4
	5~9人	360	55.8
	10~20人	105	16.3
	20~50人	63	9.8
	50人以上	37	5.7

续表

人口学变量	类别	人数	所占比例（%）
工作年限	1年以下	55	8.5
	1~3年	106	16.4
	4~6年	168	26.0
	6~8年	138	21.4
	8年以上	178	27.6

第二节 问卷信度和效度分析

评价量表质量的两个重要指标是信度和效度。信度是测量的一致性，说明该量表的可靠性程度，即研究工具衡量结果的前后一致性和稳定性。效度是指测量的真实性和准确度，也就是能够有效测量出所要测量内容的程度。

一、信度分析

信度是指可靠度，Cronbach’s α系数和分半信度系数是最常用的量表信度评价参数，应用各因素的Cronbach’s a值来检验各因素衡量题目之间内部一致性。本研究是Nunnally（1967）指出，在初步研究中，Cronbach’s α值只要在0.5至0.6之间就可以接受。Churchill（1979）认为，在基础研究中，Cronbach’s α值达到0.7较为理想。如果达到0.5以上可以接受。信度值如果超过0.7则成为高信度，如果低于0.35则应拒绝。

本研究各因素的信度值（Cronbach’s α值）如表5-2所示，各因素量表的Cronbach’s α值都在0.7以上，表示本研究各因素量表的内部一致性都相当高，即信度良好。

表5-2 各变量及维度Cronbach's α值

变量		Cronbach's α值
主动性人格		0.727
成就动机		0.826
自我效能感		0.762
工作胜任程度		0.759
员工卷入		0.810
工作复杂度		0.701
上级支持		0.881
组织文化		0.862
外部环境		0.758
环境熟识度		0.722
管理者前瞻性行为		0.879
组织变革		0.927
个人绩效		0.835
组织绩效	公司级绩效	0.840
	职能单元绩效	0.859

表5-3 各变量维度Cronbach's α值

变量	维度	Cronbach's α值
自我效能感	参与活动自我效能	0.741
	付出努力自我效能	0.664
	坚持自我效能	0.685
成就动机	敬业合作	0.871
	竞争超越	0.816
上级支持	关心利益	0.713
	物质支持	0.828
	信息支持	0.769
	情感支持	0.748
	认同价值	0.737

续表

<table>
<tr><th colspan="2">变量</th><th>维度</th><th>Cronbach's α值</th></tr>
<tr><td colspan="2" rowspan="4">组织文化</td><td>宗教型</td><td>0.708</td></tr>
<tr><td>活力型</td><td>0.825</td></tr>
<tr><td>层级型</td><td>0.795</td></tr>
<tr><td>市场型</td><td>0.773</td></tr>
<tr><td colspan="2" rowspan="3">外部环境</td><td>环境动态性</td><td>0.779</td></tr>
<tr><td>环境宽松性</td><td>0.812</td></tr>
<tr><td>环境复杂性</td><td>0.801</td></tr>
<tr><td colspan="2" rowspan="5">管理者前瞻性行为</td><td>主动思考与进取</td><td>0.870</td></tr>
<tr><td>识别机会与威胁</td><td>0.712</td></tr>
<tr><td>实施变革创新</td><td>0.822</td></tr>
<tr><td>关注长期绩效</td><td>0.706</td></tr>
<tr><td>持续跟踪改进</td><td>0.734</td></tr>
<tr><td colspan="2" rowspan="4">组织变革</td><td>结构变革</td><td>0.809</td></tr>
<tr><td>技术变革</td><td>0.747</td></tr>
<tr><td>人员变革</td><td>0.828</td></tr>
<tr><td>文化变革</td><td>0.856</td></tr>
<tr><td colspan="2" rowspan="2">个人绩效</td><td>任务绩效</td><td>0.821</td></tr>
<tr><td>周边绩效</td><td>0.803</td></tr>
<tr><td rowspan="7">组织绩效</td><td rowspan="4">公司级绩效</td><td>财务层面</td><td>0.867</td></tr>
<tr><td>客户层面</td><td>0.708</td></tr>
<tr><td>内部流程层面</td><td>0.821</td></tr>
<tr><td>学习与成长层面</td><td>0.846</td></tr>
<tr><td rowspan="3">职能单元绩效</td><td>内部合作程度</td><td>0.926</td></tr>
<tr><td>成员责任程度</td><td>0.795</td></tr>
<tr><td>客户满意程度</td><td>0.881</td></tr>
</table>

从表5-2和表5-3可以看出，正式量表中的各变量及维度的Cronbach's α系数，除自我效能感中两个测评维度略低于0.7之外，其他均高于0.7，信度都

是可以接受的，说明量表中的各变量及其各个维度都有较好的信度表现。

二、效度分析

效度是指研究工具能正确测量所欲测量特性的程度，主要包括内容效度和建构效度。

内容效度是指概念衡量题目是否能够充分涵盖所要探讨的概念程度，即测验题目对所要测量内容的代表性程度。对内容效度的验证一般是通过定性的方法进行，即召集相关的专家对题项和测量内容的符合程度进行判断。本节在制订各相关变量的测量工具时，除了基于文献检索与探讨的理论性推论和探索性案例研究作为选择适当测量工具的准绳之外，在研究工具初步编订完成后，又通过焦点小组的方法与专业实务人士、相关学者和导师进行多次讨论与修改，删除不适当的题项，修改语意不通顺的词句，使测量题项能够真实反映出想要研究的内容。随后通过对测量工具的小规模预试，以了解被试者在实际填答时，是否会产生语意不清或者填写困难的情况，并做出最后的细致修正，也能够不同程度的提高量表的内容效度。因此，本研究的测量工具具有良好的内容效度。如表5-4所示。

表5-4 各变量整体解释的总变异量

变量	整体解释的总变异量（累计解释总体方差量）
主动性人格	86.45%
成就动机	84.82%
自我效能感	86.73%
工作胜任程度	75.09%
工作卷入	72.64%
工作复杂度	66.64%
上级支持	73.66%
组织文化	81.37%
外部环境	87.84%
环境熟识度	72.62%
管理者前瞻性行为	74.86%

续表

变量		整体解释的总变异量（累计解释总体方差量）
组织变革		80.23%
个人绩效		87.69%
组织绩效	公司级绩效	87.12%
	职能单元绩效	90.06%

建构效度是指研究工具能够测量到理论概念或者特性的程度，即测量结果能够反映所要测量的某个潜在变量的程度，测验在多大程度上验证测量变量的理论结构，结构效度的检验主要通过因素分析的方法实现。

在本次研究的探索性因素分析中，各变量对整体解释的总变异量均达到65%以上，而且维度与预试量表没有差异，因此，说明本次研究使用的各变量量表都具有良好的结构效度。

第三节　描述性统计分析

表5-5　各变量描述性统计情况表

变量	最大值	最小值	平均值	标准差
主动性人格	5.00	1.00	3.72	0.32
成就动机	5.00	1.71	4.01	0.28
自我效能感	4.78	2.00	3.69	0.50
工作胜任程度	5.00	2.00	4.08	0.47
工作卷入	5.00	1.00	3.52	0.50
工作复杂度	4.50	1.00	3.06	0.49
上级支持	5.00	1.40	3.42	0.24
组织文化	5.00	2.00	3.54	0.39
外部环境	5.00	1.89	3.42	0.19
环境熟识度	5.00	2.00	3.15	0.30
管理者前瞻性行为	5.00	1.67	3.81	0.52

续表

<table>
<tr><th colspan="2">变量</th><th>最大值</th><th>最小值</th><th>平均值</th><th>标准差</th></tr>
<tr><td colspan="2">组织变革</td><td>5.00</td><td>1.92</td><td>3.65</td><td>0.43</td></tr>
<tr><td colspan="2">个人绩效</td><td>5.00</td><td>1.65</td><td>3.91</td><td>0.22</td></tr>
<tr><td rowspan="2">组织绩效</td><td>公司级绩效</td><td>5.00</td><td>1.62</td><td>3.37</td><td>0.33</td></tr>
<tr><td>职能单元绩效</td><td>4.62</td><td>1.88</td><td>3.54</td><td>0.32</td></tr>
</table>

第四节　方差分析

一、性别与管理者前瞻性行为

本节中维度的取值以当前比较通用的该维度下各题项总和的平均值来代替，而变量的取值则以该变量下各维度总和的平均值来代替。在本节中将采用单因素方差分析的方法，讨论各人口统计变量（性别、学历、职位等）对管理者前瞻性行为是否存在统计意义上的差异。

表5-6　管理者前瞻性行为对性别的方差分析表

<table>
<tr><th></th><th></th><th>平方和</th><th>df</th><th>均方</th><th>F</th><th>Sig.</th></tr>
<tr><td rowspan="3">主动思考与进取</td><td>组间</td><td>0.260</td><td>1</td><td>0.260</td><td>0.610</td><td>0.435</td></tr>
<tr><td>组内</td><td>274.015</td><td>643</td><td>0.426</td><td></td><td></td></tr>
<tr><td>合计</td><td>274.275</td><td>644</td><td></td><td></td><td></td></tr>
<tr><td rowspan="3">识别机会与威胁</td><td>组间</td><td>4.677</td><td>1</td><td>4.677</td><td>9.009</td><td>0.003</td></tr>
<tr><td>组内</td><td>333.847</td><td>643</td><td>0.519</td><td></td><td></td></tr>
<tr><td>合计</td><td>338.524</td><td>644</td><td></td><td></td><td></td></tr>
<tr><td rowspan="3">实施变革创新</td><td>组间</td><td>7.984</td><td>1</td><td>7.984</td><td>13.421</td><td>0.000</td></tr>
<tr><td>组内</td><td>382.526</td><td>643</td><td>0.595</td><td></td><td></td></tr>
<tr><td>合计</td><td>390.511</td><td>644</td><td></td><td></td><td></td></tr>
</table>

续表

		平方和	df	均方	F	Sig.
关注长期绩效	组间	0.580	1	0.580	1.350	0.246
	组内	276.258	643	0.430		
	合计	276.838	644			
持续跟踪改进	组间	0.600	1	0.600	1.516	0.219
	组内	254.413	643	0.396		
	合计	255.012	644			
管理者前瞻性行为	组间	1.979	1	1.979	6.215	0.013
	组内	204.775	643	0.318		
	合计	206.755	644			

结果如表5-6所示，管理者前瞻性行为及其各维度表现中，管理者前瞻性行为以及识别机会与威胁和实施变革创新两个维度，p值分别为0.013、0.003和0.000，小于 0.05，说明不同性别管理者前瞻性行为会产生显著差异，特别是在识别机会与威胁和实施变革创新两个维度具有显著差异。通过进一步计算发现，男性管理者前瞻性行为的平均得分为3.76，女性管理者前瞻性行为的平均得分为2.88，说明男性管理者的前瞻性行为表现远好于女性管理者。原因可能在于男性管理者相对女性管理者而言，更具有冒险精神，更偏于理性，也更愿意提早做准备，因此在以上两个维度表现更好，也随之带来整体前瞻性行为表现良好。

二、年龄与管理者前瞻性行为

表5-7　管理者前瞻性行为对年龄的方差分析表

		Sum of Squares	df	Mean Square	F	Sig.
管理者前瞻性行为	组间	0.774	2	0.387	0.735	0.480
	组内	337.751	642	0.526		
	合计	338.524	644			

结果如表5-7所示，管理者前瞻性行为p值为0.480，远大于0.05，说明不

同年龄的管理者其前瞻性行为没有显著差异，说明管理者的年龄不会影响前瞻性行为的产生。原因可能在于，管理者的前瞻性行为是管理者内在特征的外在表现，不会因为年龄的增长、阅历的增加而产生影响。

三、教育程度与管理者前瞻性行为

表5-8 管理者前瞻性行为对教育程度的方差分析表

		Sum of Squares	df	Mean Square	F	Sig.
管理者前瞻性行为	组间	0.600	1	0.600	1.516	0.219
	组内	254.413	643	0.396		
	合计	255.012	644			

结果如表5-8所示，管理者前瞻性行为p值为0.219，大于0.05，说明教育程度不同的管理者其前瞻性行为没有显著差异；说明管理者的教育程度不会影响前瞻性行为的产生。原因可能在于，管理者前瞻性行为是管理者内在特征的外在表现，不会因为个人教育程度的高低而产生影响。

四、公司性质

表5-9 管理者前瞻性行为对公司性质的方差分析表

		Sum of Squares	df	Mean Square	F	Sig.
主动思考与进取	组间	3.750	4	0.938	1.792	0.129
	组内	334.774	640	0.523		
	合计	338.524	644			
识别机会与威胁	组间	6.599	4	1.650	3.944	0.004
	组内	267.676	640	0.418		
	合计	274.275	644			
实施变革创新	组间	8.362	4	2.091	3.501	0.008
	组内	382.149	640	0.597		
	合计	390.511	644			

续表

		Sum of Squares	df	Mean Square	F	Sig.
关注长期绩效	组间	14.996	4	3.749	9.164	0.000
	组内	261.842	640	0.409		
	合计	276.838	644			
持续跟踪改进	组间	6.843	4	1.711	4.412	0.002
	组内	248.169	640	0.388		
	合计	255.012	644			
管理者前瞻性行为	组间	5.374	4	1.344	4.270	0.002
	组内	201.380	640	0.315		
	合计	206.755	644			

结果如表5-9所示，管理者前瞻性行为及其各维度表现中，除主动思考与进取维度之外，管理者前瞻性行为及其各维度的p值均小于0.05，说明公司性质的不同会对管理者前瞻性行为产生显著影响。

通过进一步计算发现，国营企业、外资企业、合资企业和民营企业管理者前瞻性行为的平均得分分别为3.64、3.86、3.92和4.14，说明民营企业管理者相比其他类型企业，更具有前瞻性行为表现。究其原因可能在于，在中国的背景下，民营企业面临更严峻的内外部竞争形势，这也要求民营企业的管理者们能够因势利导，前瞻性的作出选择与决策，因此整体的前瞻性行为表现明显好于其他类型企业。同时，国营企业、外资企业、合资企业、民营企业管理者前瞻性行为表现分数依次升高，这也是经营决策方式与管理习惯的侧面反映。

五、工作年限与管理者前瞻性行为

表5-10 管理者前瞻性行为对工作年限的方差分析表

		Sum of Squares	df	Mean Square	F	Sig.
管理者前瞻性行为	组间	3.654	4	0.913	2.326	0.055
	组内	251.359	640	0.393		
	合计	255.012	644			

结果如表5-10所示，管理者前瞻性行为p值为0.055，大于0.05，说明工作年限不同的管理者前瞻性行为没有显著差异。这也再次验证管理者前瞻性行为是管理者自身内在特征的外在表现，不会受到工作年限等因素的影响。

六、职位与管理者前瞻性行为

结果如表5-11所示，管理者前瞻性行为及其各维度表现中，除主动思考与进取维度之外，管理者前瞻性行为及其各维度的p值均小于0.05，说明管理者职位的不同会对管理者前瞻性行为产生显著影响。

通过进一步计算发现，高层管理者、中层管理者、基层管理者前瞻性行为的平均得分分别为4.65、3.93和3.39，说明高层管理者相比中层和基层管理者，更具有前瞻性行为表现，特别是在识别机会与威胁、实施变革创新和关注长期绩效三个子维度表现上远好于中基层管理者。之所以有这样的行为表现结果，可能与高层管理者的职位要求有关。高层管理者需要具有较高的概念技能，工作职责要求其负责确定组织长远目标和规划，制定实现既定目标的战略，应对外部环境变化状况以及就影响整个组织的问题进行决策。高层管理者需要面向更长期的未来综合考虑问题，需要关心环境的发展趋势和组织总体业绩的表现，而这一切都需要高层管理者能够站在更高的层面上，前瞻性地分析问题、提出问题和解决问题。因此，高层管理者相比中基层管理者而言，识别机会与威胁、实施变革创新和关注长期绩效三个维度上的表现良好也就不足为奇。

表5-11　管理者前瞻性行为对职位的方差分析表

		Sum of Squares	df	Mean Square	F	Sig.
主动思考与进取	组间	22.434	3	7.478	15.165	0.000
	组内	316.090	641	0.493		
	合计	338.524	644			
识别机会与威胁	组间	32.771	3	10.924	28.993	0.000
	组内	241.504	641	0.377		
	合计	274.275	644			

续表

		Sum of Squares	df	Mean Square	F	Sig.
实施变革创新	组间	38.071	3	12.690	23.080	0.000
	组内	352.440	641	0.550		
	合计	390.511	644			
关注长期绩效	组间	34.693	3	11.564	30.613	0.000
	组内	242.145	641	0.378		
	合计	276.838	644			
持续跟踪改进	组间	38.223	3	12.741	37.673	0.000
	组内	216.789	641	0.338		
	合计	255.012	644			
管理者前瞻性行为	组间	31.524	3	10.508	38.438	0.000
	组内	175.231	641	0.273		
	合计	206.755	644			

七、职务类别与管理者前瞻性行为

结果如表5-12所示，管理者前瞻性行为p值为0.216，大于0.05，说明职务类别（正职与副职）的不同不会对管理者前瞻性行为产生显著影响。这样的行为表现稍出乎意料，本来传统意义上的副职主要起到辅助正职的作用，更多的副职只有建议权、没有决策权，因此工作职责对副职自然也没有前瞻性的要求。但近年来工作丰富化、工作扩大化已成为发展趋势和现代主流，副职在众多企业中仅仅表现为职位上的差异和工作分工的不同，他们也开始独立承担相应的工作职责任务，拥有相应的管理职权，因此对于副职的要求也自然随之变化，与正职的差异越来越不明显，自然在前瞻性行为上的表现没有差异也在情理之中。

表5-12 管理者前瞻性行为对职务类别的方差分析表

		Sum of Squares	df	Mean Square	F	Sig.
管理者前瞻性行为	组间	0.984	2	0.492	1.535	0.216
	组内	205.770	642	0.321		
	合计	206.755	644			

八、直接下属数量与管理者前瞻性行为

表5-13 管理者前瞻性行为对直接下属数量的方差分析表

		Sum of Squares	df	Mean Square	F	Sig.
管理者前瞻性行为	组间	0.559	2	0.280	0.656	0.519
	组内	273.716	642	0.426		
	合计	274.275	644			

结果如表5-13所示，管理者前瞻性行为p值为0.519，大于0.05，说明直接下属数量的不同不会对管理者前瞻性行为产生显著差异。这也说明管理者并不会因为下属数量的增多或减少，而体现不同的前瞻性行为表现方式。

第五节 管理者前瞻性行为影响因素的相关分析

相关分析是研究变量间密切程度的一种常用统计方法。线性相关分析研究两个变量间线性关系的程度。相关系数是描述这种线性关系程度和方向的统计量，一般采用皮尔逊（Pearson）相关进行统计分析。

相关系数分析的目的是发现各个变量维度下的各子变量之间是否存在高度相关以及低度相关的情况。如果某一子变量和其他子变量之间的相关性太高，就要对该子变量进行必要的删除，以保证各子变量之间的相互独立性。如果某一子变量和其他子变量之间的相关性太低，就要进行个项—总量修正系数分析。个项—总量修正系数的计算原理是计算某一子变量与其所属维度的其他子变量总和的相关系数，如果该相关系数小于0.5，那么就需要对该子变量进行必要的删除。

下面就采用皮尔逊（Pearson）相关分别对各个维度的题项进行相关分析，缺失值采用配对删除（Pairlise）的方法处理，进而验证分析管理者前瞻性行为及其与各测量维度之间的相关性。

从表5-14中可知，管理者前瞻性行为各个维度之间的相关性都在0.2和0.7之间，满足数据统计的相关要求，结果具有较强的说服力。各维度之间的

相关性比较理想，既没有过多的重叠部分，各自又有一定的相关性，各个维度对管理者前瞻性行为变量的相关性都大于0.6，因此综合起来足以说明管理者前瞻性行为变量。

表5-14　管理者前瞻性行为各维度间的相关分析表（n=645）

		主动思考与进取	识别机会与威胁	实施变革创新	关注长期绩效	持续跟踪改进	管理者前瞻性行为
主动思考与进取	Pearson Correlation	1	0.571**	0.730**	0.416**	0.666**	0.833**
	Sig.（2-tailed）		0.000	0.000	0.000	0.000	0.000
识别机会与威胁	Pearson Correlation	0.571**	1	0.640**	0.452**	0.626**	0.796**
	Sig.（2-tailed）	0.000		0.000	0.000	0.000	0.000
实施变革创新	Pearson Correlation	0.730**	0.640**	1	0.580**	0.689**	0.897**
	Sig.（2-tailed）	0.000	0.000		0.000	0.000	0.000
关注长期绩效	Pearson Correlation	0.416**	0.452**	0.580**	1	0.549**	0.724**
	Sig.（2-tailed）	0.000	0.000	0.000		0.000	0.000
持续跟踪改进	Pearson Correlation	0.666**	0.626**	0.689**	0.549**	1	0.853**
	Sig.（2-tailed）	0.000	0.000	0.000	0.000		0.000
管理者前瞻性行为	Pearson Correlation	0.833**	0.796**	0.897**	0.724**	0.853**	1
	Sig.（2-tailed）	0.000	0.000	0.000	0.000	0.000	

一、主动性人格与管理者前瞻性行为

表5–15　主动性人格与管理者前瞻性行为及其各测量维度间的相关分析表（n=645）

		主动思考与进取	识别机会与威胁	实施变革创新	关注长期绩效	持续跟踪改进	管理者前瞻性行为
主动性人格	Pearson Correlation	0.641**	0.519**	0.739**	0.435**	0.580**	0.716**
	Sig.（2–tailed）	0.000	0.000	0.000	0.000	0.000	0.000

从表5–15可知，主动性人格与管理者前瞻性行为自身及各维度的相关性分别为0.716，0.641，0.519，0.739，0.435和0.580，相关性均在0.4以上，具有较高的正相关性，进而验证前文假设1，主动性人格与管理者前瞻性行为正相关，即主动性人格程度越高，管理者所表现出的前瞻性行为越强。

二、成就动机与管理者前瞻性行为

表5–16　成就动机与管理者前瞻性行为及其各测量维度间的相关分析表（n=645）

		主动思考与进取	识别机会与威胁	实施变革创新	关注长期绩效	持续跟踪改进	管理者前瞻性行为
敬业合作	Pearson Correlation	0.694**	0.436**	0.701**	0.408**	0.619**	0.702**
	Sig.（2–tailed）	0.000	0.000	0.000	0.000	0.000	0.000
竞争超越	Pearson Correlation	0.619**	0.589**	0.780**	0.484**	0.581**	0.749**
	Sig.（2–tailed）	0.000	0.000	0.000	0.000	0.000	0.000
成就动机	Pearson Correlation	0.702**	0.580**	0.780**	0.494**	0.677**	0.792**
	Sig.（2–tailed）	0.000	0.000	0.000	0.000	0.000	0.000

从表5-16可知，成就动机及其各维度与管理者前瞻性行为自身及各维度均表现出较高的正相关性，相关系数均在0.4以上且为显著相关，成就动机与管理者前瞻性行为的相关系数达到0.792，具有较高的正相关性，进而验证前文假设2，成就动机与管理者前瞻性行为正相关，即成就动机程度越高，管理者所表现出的前瞻性行为越强。

三、自我效能感与管理者前瞻性行为

表5-17 自我效能感与管理者前瞻性行为及其各测量维度间的相关分析表（n=645）

		主动思考与进取	识别机会与威胁	实施变革创新	关注长期绩效	持续跟踪改进	管理者前瞻性行为
参与活动	Pearson Correlation	0.04	0.01	0.05	0.07	0.10	0.02
	Sig.（2-tailed）	0.61	0.94	0.52	0.33	0.17	0.79
付出努力	Pearson Correlation	0.14	0.13	0.12	0.11	-0.07	0.05
	Sig.（2-tailed）	0.07	0.10	0.11	0.14	0.36	0.49
坚持自我	Pearson Correlation	0.09	0.23*	0.15*	0.06	0.19*	0.06
	Sig.（2-tailed）	0.25	0.05	0.05	0.43	0.01	0.40
自我效能感	Pearson Correlation	0.03	0.07	0.08	0.05	0.06	0.06
	Sig.（2-tailed）	0.68	0.39	0.09	0.49	0.42	0.43

从表5-17可知，自我效能感及其各维度与管理者前瞻性行为自身及各维度之间，除坚持自我维度表现出较小的相关性之外，其他均未表现出显著相关性，并未验证前文假设3，自我效能感与管理者前瞻性行为呈正相关，即自我效能感程度越高，管理者所表现出的前瞻性行为未必越强。这与前文的假设相悖，究其原因，可能在于自我效能感是管理者对自己实现特定领域行为

目标所需能力的信心或信念程度的评价，特别是在面临逆境和苦难时的锲而不舍程度，这种评价来源于管理者自身。而管理者前瞻性行为特征的重点在于未来性，自我效能感强的人对自身能力充满信心，但未必对未来世界表现出很强的自信，因此，自我效能感强的管理者不一定会表现出强烈的前瞻性行为表现。

四、工作胜任程度与管理者前瞻性行为

表5-18 工作胜任程度与管理者前瞻性行为及其各测量维度间的相关分析表（n=645）

		主动思考与进取	识别机会与威胁	实施变革创新	关注长期绩效	持续跟踪改进	管理者前瞻性行为
工作胜任程度	Pearson Correlation	0.431**	0.379**	0.398**	0.300**	0.349**	0.454**
	Sig.（2-tailed）	0.000	0.000	0.000	0.000	0.000	0.000

从表5-18可知，工作胜任程度与管理者前瞻性行为自身及各维度之间，均表现出显著相关性，相关系数均在0.3以上且为显著相关，工作胜任程度与管理者前瞻性行为的相关系数达到0.454，具有较高的正相关性，进而验证前文假设8，工作胜任程度与管理者前瞻性行为正相关，即工作胜任程度越高，管理者所表现出的前瞻性行为越强。

五、工作卷入与管理者前瞻性行为

表5-19 工作卷入与管理者前瞻性行为及其各测量维度间的相关分析表（n=645）

		主动思考与进取	识别机会与威胁	实施变革创新	关注长期绩效	持续跟踪改进	管理者前瞻性行为
工作卷入	Pearson Correlation	0.11	0.05	0.06	0.12	0.11	0.10
	Sig.（2-tailed）	0.15	0.95	0.43	0.11	0.148	0.20

从表5-19可知，工作卷入与管理者前瞻性行为自身及各维度之间，均未表现出显著的相关性，并未验证前文假设9，工作卷入与管理者前瞻性行为呈正相关，即工作卷入程度越高，管理者所表现出的前瞻性行为未必越强。究其原因可能在于，工作卷入主要表现为管理者从事以及关心自己目前工作的程度，对于“目前”工作的关注未必与前瞻性相关联，工作卷入程度高的管理者工作的重心可能主要在于完成眼前工作，目前工作完成的好，并不代表管理者是在为未来做长远筹划，因此，管理者的工作卷入程度高与管理者前瞻性行为无显著相关关系。

六、工作复杂程度与管理者前瞻性行为

表5-20 工作复杂度与管理者前瞻性行为及其各测量维度间的相关分析表（n=645）

		主动思考与进取	识别机会与威胁	实施变革创新	关注长期绩效	持续跟踪改进	管理者前瞻性行为
工作复杂度	Pearson Correlation	0.116**	−0.030	0.134**	−0.086*	0.072	0.056
	Sig.（2-tailed）	0.003	0.454	0.001	0.029	0.069	0.156

从表5-20可知，工作复杂程度与管理者前瞻性行为自身及各维度之间，除与个别维度表现出较小的相关性之外，其他均未表现出显著相关性，并未验证前文假设10，工作复杂度与管理者前瞻性行为呈正相关，即工作复杂程度越高，管理者所表现出的前瞻性行为未必越强。工作复杂度是指管理者所从事的工作岗位内容的变化或繁杂程度，按常理推论，管理者面对变化的工作内容、繁杂的工作任务可能会试图前瞻性地寻找其内在的变化规律，进而化繁为简、变被动为主动。但与此相反，管理者也可能陷入另一个极端，就是渐渐适应这种变化与繁杂，进而投入其中而不再想寻找新的解决办法，自然也谈不上前瞻性的问题，从这个角度来讲，工作的复杂度并不能带来管理者的前瞻性行为。

七、上级支持与管理者前瞻性行为

表5-21 上级支持与管理者前瞻性行为及其各测量维度间的相关分析表

（n=645）

		主动思考与进取	识别机会与威胁	实施变革创新	关注长期绩效	持续跟踪改进	管理者前瞻性行为
关心利益	Pearson Correlation	0.229**	0.282**	0.141**	0.202**	0.182**	0.249**
	Sig.（2-tailed）	0.000	0.000	0.000	0.000	0.000	0.000
物质支持	Pearson Correlation	0.343**	0.387**	0.293**	0.251**	0.276**	0.377**
	Sig.（2-tailed）	0.000	0.000	0.000	0.000	0.000	0.000
信息支持	Pearson Correlation	0.513**	0.464**	0.546**	0.344**	0.423**	0.562**
	Sig.（2-tailed）	0.000	0.000	0.000	0.000	0.000	0.000
情感支持	Pearson Correlation	0.355**	0.413**	0.412**	0.249**	0.317**	0.427**
	Sig.（2-tailed）	0.000	0.000	0.000	0.000	0.000	0.000
认同价值	Pearson Correlation	0.419**	0.390**	0.407**	0.217**	0.350**	0.437**
	Sig.（2-tailed）	0.000	0.000	0.000	0.000	0.000	0.000
上级支持	Pearson Correlation	0.447**	0.465**	0.427**	0.306**	0.370**	0.492**
	Sig.（2-tailed）	0.000	0.000	0.000	0.000	0.000	0.000

从表5-21可知，上级支持及其各维度与管理者前瞻性行为自身及各维度均表现出较高的正相关性，上级支持与管理者前瞻性行为的相关系数达到0.492，具有较高的正相关性，进而验证前文假设4，上级支持与管理者前瞻性行为呈正相关，即上级支持程度越高，管理者所表现出的前瞻性行为越

强。特别是信息支持程度越高，管理者表现出的前瞻性行为中的实施变革创新行为越强。

八、组织文化与管理者前瞻性行为

从表5-22可知，组织文化及其各维度与管理者前瞻性行为自身及各维度之间，除适应性文化表现出较小的相关性之外，其他均未表现出显著相关性，并未验证前文假设5，组织文化与管理者前瞻性行为无显著相关影响，即组织文化类型的不同对管理者前瞻性行为并未产生显著影响。正如前文所述，管理者前瞻性行为是管理者内在特征的外在表现方式，因此组织文化的强弱、类型并不构成前瞻性行为的决定性主导因素，也就意味着具有较强前瞻性的管理者无论在何种组织文化类型范围内，均能表现出自身的前瞻性行为。

表5-22　组织文化与管理者前瞻性行为及其各测量维度间的相关分析表（n=645）

		主动思考与进取	识别机会与威胁	实施变革创新	关注长期绩效	持续跟踪改进	管理者前瞻性行为
参与性文化	Pearson Correlation	0.05	0.02	0.05	0.02	0.11	0.07
	Sig.（2-tailed）	0.62	0.74	0.52	0.79	0.16	0.34
一致性文化	Pearson Correlation	0.15	0.10	0.02	0.11	-0.09	0.06
	Sig.（2-tailed）	0.06	0.10	0.41	0.14	0.39	0.41
适应性文化	Pearson Correlation	0.05	0.21*	0.16*	0.06	0.18*	0.11
	Sig.（2-tailed）	0.35	0.04	0.05	0.43	0.01	0.20
使命性文化	Pearson Correlation	0.02	0.06	0.08	0.05	0.06	0.06
	Sig.（2-tailed）	0.66	0.36	0.11	0.49	0.22	0.23

续表

		主动思考与进取	识别机会与威胁	实施变革创新	关注长期绩效	持续跟踪改进	管理者前瞻性行为
组织文化	Pearson Correlation	0.07	0.08	0.10	0.05	0.07	0.07
	Sig.（2-tailed）	0.16	0.14	0.12	0.33	0.17	0.07

九、外部环境与管理者前瞻性行为

表5-23　外部环境与管理者前瞻性行为及其各测量维度间的相关分析表（n=645）

		主动思考与进取	识别机会与威胁	实施变革创新	关注长期绩效	持续跟踪改进	管理者前瞻性行为
环境动态性	Pearson Correlation	0.224**	0.226**	0.297**	0.320**	0.239**	0.318**
	Sig.（2-tailed）	0.000	0.000	0.000	0.000	0.000	0.000
环境宽松型	Pearson Correlation	0.199**	0.367**	0.367**	0.413**	0.295**	0.398**
	Sig.（2-tailed）	0.000	0.000	0.000	0.000	0.000	0.000
环境复杂性	Pearson Correlation	0.281**	0.192**	0.301**	0.359**	0.229**	0.333**
	Sig.（2-tailed）	0.000	0.000	0.000	0.000	0.000	0.000
外部环境	Pearson Correlation	0.316**	0.354**	0.434**	0.490**	0.344**	0.472**
	Sig.（2-tailed）	0.000	0.000	0.000	0.000	0.000	0.000

从表5-23可知，外部环境及其各维度与管理者前瞻性行为自身及各维度均表现出较高的正相关性，外部环境与管理者前瞻性行为的相关系数达到0.472，具有较高的正相关性，进而验证前文假设6，外部环境与管理者前瞻性行为具有显著相关关系，即环境动态性、复杂性和宽松性均对管理者前瞻

性行为产生影响。

十、环境熟识度与管理者前瞻性行为

表5-24 环境熟识度与管理者前瞻性行为及其各测量维度间的相关分析表（n=645）

		主动思考与进取	识别机会与威胁	实施变革创新	关注长期绩效	持续跟踪改进	管理者前瞻性行为
环境熟识度	Pearson Correlation	0.234**	0.331**	0.177**	0.241**	0.155**	0.275**
	Sig.（2-tailed）	0.000	0.000	0.000	0.000	0.000	0.000

从表5-24可知，环境熟识度与管理者前瞻性行为自身及各维度之间均表现出显著相关性，环境熟识度与管理者前瞻性行为的相关系数达到0.275，具有较高的正相关性，进而验证前文假设7，环境熟识度与管理者前瞻性行为正相关，即环境熟识度越高，管理者所表现出的前瞻性行为越强。

第六节 管理者前瞻性行为影响因素的回归分析

回归分析是进一步探寻管理者前瞻性行为各个影响因素的预测作用，以便建立管理者前瞻性行为的影响因素模型。回归分析采用SPSS统计分析中运用最为广泛的复回归分析方法之一“逐步回归法”，变量进入回归方程式的标准在于预测变量的标准化回归系数必须通过F值或F概率值的检验，SPSS内定剔除标准是最小F值为2.71，最大F概率值为0.10，缺失值采用配对删除（Pairlise）的方法处理。回归分析的结果主要报告自变量对因变量的标准化回归系数，回归系数的t值及其显著性检验值，多元决定系数R^2表示自变量对因变量的预测力，但一般以样本的R^2估计来估计母群参数时，常常会有高估倾向，为避免高估的偏误产生，应采用调整后的R^2值来估计母群性质，才不会有错误，因此本文报告调整后的多元决定系数AdjR^2和F检验系数。回归分

析的结果主要报告自变量对因变量的标准化回归系数，回归系数的t值及其显著性检验值，容许度和方差膨胀因子（VIF）。T检验是对回归系数进行检验，当$n>5$时，则当｜t｜>2时，拒绝接受偏回归系数为0的假设，说明其相对应的变量可以作为解释变量来描述因变量；容许度和方差膨胀因子则是用来判断变量间是否存在共线性的问题。容许度在0~1，当容许度值较小时，自变量之间的共线性就较强。方差膨胀因子是容许度的倒数，一般认为当方差膨胀因子大于或等于10的时候，自变量之间的共线问题就比较严重。

一、管理者前瞻性行为影响因素回归分析

从表5-25可知，在回归模式中，调整后的R^2值为0.746，F值的显著性为0.00（$P<0.01$），表明该回归模式的效果显著，VIF值均在4以下，表明各变量间没有严重的共线性问题。主动性人格（$\beta=0.257$，$P=0.00<0.01$）、成就动机（$\beta=0.416$，$P=0.00<0.01$）、工作胜任程度（$\beta=-0.111$，$P=0.00<0.01$）、上级支持（$\beta=0.227$，$P=0.00<0.01$）和环境熟识度（$\beta=0.228$，$P=0.00<0.01$）进入回归模式，工作胜任程度对管理者前瞻性行为产生负向影响，其他变量均对管理者前瞻性行为产生显著性正向影响。

前文的研究成果表明，主动性人格、成就动机、工作胜任程度、上级支持、外部环境、环境熟识度均与管理者前瞻性行为具有较强的正相关性，但变量外部环境并没有进入回归方程，工作胜任程度也出乎意料的对管理者前瞻性行为产生负向影响作用，这是否意味着不同层级的管理者前瞻性行为的影响因素不同？为了进一步探究不同层级管理者前瞻性行为影响因素之间的可能差异，下面将分别针对高、中、基层管理者三个层级，应用前文提出的可能影响因素进行回归分析，以期结果更具有实践价值和参考作用。

表5-25 管理者前瞻性行为影响因素回归分析表

Model	Standardized Coefficients Beta	t	Sig.	Collinearity Statistics Tolerance	VIF	Adj R^2	F值	F值的显著性（P值）
主动性人格	0.257	8.689	0.000	0.450	2.223	0.746	189.739	0.000
成就动机	0.416	11.127	0.000	0.283	3.534			
自我效能感	0.044	1.720	0.086	0.616	1.624			
工作胜任程度	−0.111	−3.819	0.000	0.471	2.124			
工作卷入	−0.046	−1.561	0.119	0.458	2.181			
工作复杂度	−0.042	−1.996	0.046	0.888	1.126			
上级支持	0.227	7.727	0.000	0.459	2.177			
组织文化	−0.016	−0.679	0.497	0.755	1.324			
外部环境	0.065	2.477	0.013	0.578	1.730			
环境熟识度	0.228	7.017	0.000	0.374	2.675			

二、高层管理者前瞻性行为影响因素回归分析

表5-26 高层管理者前瞻性行为各维度回归分析表

Model	Standardized Coefficients	t	Sig.	Collinearity Statistics			
	Beta			Tolerance	VIF	Adj R^2	F值显著性（P值）
主动思考与进取	0.284	2.165E8	0.000	0.361	2.770	1.00	0.00
识别机会与威胁	0.271	2.775E8	0.000	0.651	1.536		
实施变革创新	0.310	2.254E8	0.000	0.329	3.043		
关注长期绩效	0.313	3.590E8	0.000	0.813	1.229		
持续跟踪改进	0.272	2.291E8	0.000	0.439	2.276		

从表5-26可知，在回归模式中，调整后的R^2值为1，F值的显著性为0.00（$P<0.01$），表明该回归模式的效果显著，VIF值均在4以下，表明各变量间没有严重的共线性问题。各维度均进入回归模式，高层管理者前瞻性行为表现中，关注长期绩效和实施变革创新维度表现更好，这也正好符合高层管理者职责中战略与决策方面的普遍要求。

本研究利用线性回归分析方法探讨高层管理者前瞻性行为的影响因素，及其预测力与显著性水平，从而进一步了解各相关变量与高层管理者前瞻性行为之间的关系，并再次检验前文提出假设。从表5-27可知，在回归模式中，调整后的R^2值为0.925，F值的显著性为0.00（$P<0.01$），表明该回归模式的效果显著，VIF值均在3以下，表明各变量间没有严重的共线性问题。主动性人格（$\beta=0.268$，$P=0.00<0.01$）、成就动机（$\beta=0.242$，$P=0.00<0.01$）、工作胜任程度（$\beta=0.319$，$P=0.00<0.01$）、外部环境（$\beta=0.218$，$P=0.00<0.01$）和环境熟识度（$\beta=0.176$，$P=0.003<0.01$）进入回归模式，均对高层管理者前瞻性行为产生显著性正向影响。

与管理者前瞻性行为影响因素回归结果对比分析发现，高层管理者前瞻性行为影响因素回归结果中包括变量外部环境，这也侧面说明前文外部环境与前瞻性行为呈正相关关系的正确性。探究其原因在于，高层管理者所采取的管理行为更关注外部环境的变化，也更容易受外部环境的影响，因此,该变量会进入回归方程。同时，上级支持感未进入回归方程，其中原因主要在于作为企业的最高一级决策者，很多高层管理者已没有直属上级，自然也不会受上级支持的影响。

表5-27　高层管理者前瞻性行为影响因素回归分析表

Model	Standardized Coefficients Beta	t	Sig.	Collinearity Statistics Tolerance	VIF	Adj R^2	F值	F值的显著性（P值）
主动性人格	0.268	3.802	0.000	0.366	2.729	0.925	197.316	0.000
成就动机	0.242	4.085	0.000	0.522	1.914			
自我效能感	−0.058	−1.078	0.282	0.625	1.600			
工作胜任程度	0.319	5.782	0.000	0.599	1.670			
工作卷入	0.027	0.530	0.597	0.693	1.443			
工作复杂度	0.058	1.134	0.258	0.710	1.409			
上级支持	−0.064	−1.120	0.264	0.561	1.782			
组织文化	−0.053	−1.005	0.331	0.599	1.669			
外部环境	0.218	3.981	0.000	0.610	1.638			
环境掌控度	0.176	3.043	0.003	0.547	1.827			

三、中层管理者前瞻性行为影响因素回归分析

表5-28　中层管理者前瞻性行为各维度回归分析表

Model	Standardized Coefficients	t	Sig.	Collinearity Statistics			
	Beta			Tolerance	VIF	Adj R^2	F值的显著性（P值）
主动思考与进取	0.247	5.620E7	0.000	0.345	2.897	1.00	0.00
识别机会与威胁	0.225	5.284E7	0.000	0.366	2.732		
实施变革创新	0.289	6.066E7	0.000	0.294	3.400		
关注长期绩效	0.242	6.543E7	0.000	0.486	2.057		
持续跟踪改进	0.221	5.431E7	0.000	0.402	2.487		

从表5-28可知，在回归模式中，调整后的R^2值为1，F值的显著性为0.00（$P<0.01$），表明该回归模式的效果显著，VIF值均在5以下，表明各变量间没有严重的共线性问题。各维度均进入回归模式，中层管理者前瞻性行为表现中，实施变革创新维度表现更好，表明相比其他各维度，中层管理者在实施前瞻性行为时，更注重率先实施变革创新，这也正好符合中层管理者在自己所辖范围内进行有机调整和变革的职责要求。

表5-29　中层管理者前瞻性行为影响因素回归分析表

Model	Standardized Coefficients Beta	t	Sig.	Collinearity Statistics Tolerance	VIF	Adj R^2	F值	F值的显著性（P值）
主动性人格	0.295	5.169	0.000	0.218	4.585	0.829	117.316	0.000
成就动机	0.711	11.846	0.000	0.198	5.051			
自我效能感	0.075	1.824	0.069	0.417	2.397			
工作胜任程度	0.194	5.560	0.000	0.587	1.704			
工作卷入	0.010	0.237	0.813	0.396	2.528			
工作复杂度	−0.087	−2.106	0.036	0.415	2.410			
上级支持	0.247	5.346	0.000	0.334	2.990			
组织文化	−0.047	−1.438	0.152	0.666	1.501			
外部环境	0.112	2.710	0.007	0.414	2.413			
环境掌控度	0.213	5.423	0.000	0.463	2.161			

本研究利用线性回归分析方法探讨中层管理者前瞻性行为的影响因素及其预测力与显著性水平，从而进一步了解各相关变量与中层管理者前瞻性行为之间的关系，并再次检验前文提出的假设。从表5-29可知，在回归模式中，调整后的R^2值为0.829，F值的显著性为0.00（$P<0.01$），表明该回归模式效果显著，VIF值均在3以下，表明各变量间没有严重的共线性问题。主动性人格（$\beta=0.295$，$P=0.00<0.01$）、成就动机（$\beta=0.711$，$P=0.00<0.01$）、工作胜任程度（$\beta=0.194$，$P=0.00<0.01$）、上级支持（$\beta=0.247$，$P=0.00<0.01$）、外部环境（$\beta=0.112$，$P=0.007<0.01$）和环境熟识度（$\beta=0.213$，$P=0.00<0.01$）进入回归模式，均对中层管理者前瞻性行为产生显著性正向影响。

与高层管理者前瞻性行为回归模式相比，主要差异在于，上级支持进入回归方程，究其原因主要在于有了直接上级的信息、物质、利益、情感等方面的支持、依托和授权，中层管理者更能充分发挥其主观能动性，果断针对外部情况采取管理活动，即有效实施前瞻性行为。

与管理者前瞻性行为回归模式相比，主要差异在于外部环境进入回归方程。原因可能在于中层管理者具有相对较大的决策权，众多工作任务落实也需要考虑外部环境的变化趋势。同时，结合基层管理者的回归分析结果发现，基层管理者的工作很少受外部环境的影响作用，而综合所有管理者的结果分析时，外部环境的影响因子系数下降，进而未进入管理者前瞻性行为影响因素回归模型。

四、基层管理者前瞻性行为影响因素回归分析

表5-30 基层管理者前瞻性行为各维度回归分析表

Model	Standardized Coefficients	t	Sig.	Collinearity Statistics		Adj R^2	F值显著性（P值）
	Beta			Tolerance	VIF		
主动思考与进取	0.283	1.359E8	0.000	0.292	3.421	1.00	0.00
识别机会与威胁	0.223	9.168E7	0.000	0.215	4.655		
实施变革创新	0.264	1.085E8	0.000	0.214	4.666		
关注长期绩效	0.172	8.870E7	0.000	0.337	2.972		
持续跟踪改进	0.196	9.071E7	0.000	0.274	3.655		

从表5-30可知，在回归模式中，调整后的R^2值为1，F值的显著性为0.00（$P<0.01$），表明该回归模式的效果显著，VIF值均在5以下，表明各变量间没有严重的共线性问题。各维度均进入回归模式，基层管理者前瞻性行为表现中，主动思考与进取、实施变革创新维度表现更好，表明相比其他各维度，基层管理者在实施前瞻性行为时，更注重前期的主动思考与进取以及实施变革创新，这也正好符合基层管理者在自己所辖范围内进行有机调整和变革的职责要求。与此同时，不太关注长期绩效表现、可能忽略持续跟踪与改进也是基层管理人员常常获缺的前瞻性行为表现模式。

本研究利用线性回归分析方法探讨基层管理者前瞻性行为的影响因素及其预测力与显著性水平，从而进一步了解各相关变量与管理者前瞻性行为之间的关系，并再次检验前文提出假设。从表5-31可知，在回归模式中，调整后的R^2值为0.920，F值的显著性为0.00（$P<0.01$），表明该回归模式效果显著，VIF值均在10以下，表明各变量间没有严重的共线性问题。主动性人格（$\beta=0.533$，$P=0.00<0.01$）、成就动机（$\beta=0.582$，$P=0.00<0.01$）、工作胜任程度（$\beta=-0.271$，$P=0.00<0.01$）和上级支持（$\beta=0.222$，$P=0.00<0.01$）进入回归模式，工作胜任程度对管理者前瞻性行为产生负向影响，其他变量均对基层管理者前瞻性行为产生显著性正向影响。

表5-31 基层管理者前瞻性行为影响因素回归分析表

Model	Standardized Coefficients Beta	*t*	Sig.	VIF	Collinearity Statistics Tolerance	Adj R^2	*F*值	*F*值的显著性（*P*值）
主动性人格	0.533	7.879	0.000	8.943	0.112	0.920	180.644	0.000
成就动机	0.582	8.282	0.000	9.649	0.104			
自我效能感	−0.013	−0.213	0.831	7.615	0.131			
工作胜任程度	−0.271	−4.639	0.000	6.673	0.150			
工作卷入	−0.019	−0.383	0.702	4.761	0.210			
工作复杂度	0.109	2.872	0.005	2.808	0.356			
上级支持	0.222	3.318	0.001	8.746	0.114			
组织文化	−0.050	−1.035	0.303	4.510	0.222			
外部环境	−0.060	−1.397	0.165	3.588	0.279			
环境熟识度	0.077	1.651	0.101	4.212	0.237			

与中高层管理者前瞻性行为回归模式相比，主要差异有两个方面。一是工作胜任程度的回归系数为负，也就意味着工作越胜任，基层管理者前瞻性行为表现越弱，这可能与基层管理者的职能注重贯彻与执行的定位有关，工作胜任程度越高，越关注眼前工作的高效执行，忽略未来的可能变化，而未相应采取前瞻性管理行为。这也侧面说明管理者前瞻性行为影响因素中，工作胜任程度为负的结果表现可能是由于被试中基层管理者人数较多的原因造成的。二是外部环境和环境熟识度两个变量未进入回归方程，原因在于基层管理者采取的管理活动受外部环境的约束和影响较小，对环境不敏感，对环境熟识度要求不高。与管理者前瞻性行为影响因素模型对比发现，基层管理者与管理者前瞻性行为影响因素模型一致性较强，只有环境熟识度未进入回归模式，原因前文已说明，在此不再赘述。

综合管理者前瞻性行为各相关分析与回归分析结果发现，前文已得到验证的部分研究并非对所有管理者均成立。研究假设4：上级支持对管理者的前瞻性行为有影响，针对高层管理者而言并不成立，因此为部分验证假设；研究假设6：外部环境对管理者的前瞻性行为有影响，针对基层管理者而言并不成立，因此为部分验证假设；研究假设7：环境熟识度对管理者的前瞻性行为有影响，针对基层管理者而言并不成立，因此为部分验证假设。

第七节 管理者前瞻性行为与组织变革、绩效相关分析

一、管理者前瞻性行为与组织变革相关分析

表5-32 管理者前瞻性行为与组织变革相关分析表

		结构变革	技术变革	人员变革	文化变革	组织变革
主动思考与进取	Pearson Correlation	0.509**	0.521**	0.412**	0.406**	0.510**
	Sig.（2-tailed）	0.000	0.000	0.000	0.000	0.000
识别机会与威胁	Pearson Correlation	0.528**	0.566**	0.451**	0.475**	0.558**
	Sig.（2-tailed）	0.000	0.000	0.000	0.000	0.000
实施变革创新	Pearson Correlation	0.547**	0.577**	0.374**	0.421**	0.530**
	Sig.（2-tailed）	0.000	0.000	0.000	0.000	0.000
关注长期绩效	Pearson Correlation	0.474**	0.567**	0.435**	0.439**	0.528**
	Sig.（2-tailed）	0.000	0.000	0.000	0.000	0.000
持续跟踪改进	Pearson Correlation	0.426**	0.513**	0.264**	0.371**	0.436**
	Sig.（2-tailed）	0.000	0.000	0.000	0.000	0.000
管理者前瞻性行为	Pearson Correlation	0.607**	0.667**	0.471**	0.513**	0.624**
	Sig.（2-tailed）	0.000	0.000	0.000	0.000	0.000

从表5-32可知，管理者前瞻性行为及其各维度与组织变革及各维度均表

现出较高的正相关性，相关系数均在0.25以上且为显著相关，管理者前瞻性行为与组织变革的相关系数达到0.624，具有较高的正相关性，进而验证研究假设13，即管理者前瞻性行为越强，越容易采取组织变革，特别是结构和技术变革。

二、管理者前瞻性行为与个人绩效相关分析

表5-33　管理者前瞻性行为与个人绩效相关分析表

		任务绩效	周边绩效	个人绩效
主动思考与进取	Pearson Correlation	0.597**	0.658**	0.678**
	Sig.（2-tailed）	0.000	0.000	0.000
识别机会与威胁	Pearson Correlation	0.406**	0.461**	0.469**
	Sig.（2-tailed）	0.000	0.000	0.000
实施变革创新	Pearson Correlation	0.550**	0.538**	0.585**
	Sig.（2-tailed）	0.000	0.000	0.000
关注长期绩效	Pearson Correlation	0.412**	0.449**	0.464**
	Sig.（2-tailed）	0.000	0.000	0.000
持续跟踪改进	Pearson Correlation	0.453**	0.532**	0.533**
	Sig.（2-tailed）	0.000	0.000	0.000
管理者前瞻性行为	Pearson Correlation	0.593**	0.644**	0.668**
	Sig.（2-tailed）	0.000	0.000	0.000

从表5-33可知，管理者前瞻性行为及其各维度与个人绩效及各维度均表现出较高的正相关性，相关系数均在0.4以上且为显著相关，管理者前瞻性行为与个人绩效的相关系数达到0.668，具有较高的正相关性，进而验证研究假设12，即管理者前瞻性行为越强，个人绩效越好。

三、管理者前瞻性行为与组织绩效相关分析

为了更好地区分不同层级管理者的组织绩效评价方式，本文针对不同层级管理者设计不同的测评维度，高层管理者组织绩效即公司级绩效，包括财

务、客户、内部流程和学习与成长四个维度；中基层管理者组织绩效即职能单元绩效，包括成员合作程度、成员责任程度和客户满意程度三个维度。

表5–34 管理者前瞻性行为与组织绩效相关分析表

		主动思考与进取	识别机会与威胁	实施变革创新	关注长期绩效	持续跟踪改进	管理者前瞻性行为
组织绩效	Pearson Correlation	0.525**	0.378**	0.493**	0.460**	0.506**	0.576**
	Sig.（2–tailed）	0.000	0.000	0.000	0.000	0.000	0.000

从表5–34可知，管理者前瞻性行为及其各维度与组织绩效均表现出较高的正相关性，相关系数均在0.3以上且为显著相关，管理者前瞻性行为与组织绩效的相关系数达到0.576，具有较高的正相关性，进而验证研究假设11以及子研究假设11–1、11–2、11–3、11–4和11–5，即管理者前瞻性行为越强，组织绩效越好，特别是主动思考与进取维度更能有效促进组织绩效达成。

第八节 组织变革的中介效果分析

Baron和Kenny（1986）指出，若要验证某个变量是不是其他变量之间关系的中介变量，应该满足下列条件：

（1）自变量（*X*）可以显著的解释中介变量（*M*）（即路径a）。

（2）自变量与中介变量分别可以显著的解释因变量（*Y*）（即路径c与路径b）。

（3）当路径a与路径b验证成立，而原先自变量与因变量间的显著关系（路径c），会因为中介变量的存在而变得较不显著，特别是当路径c的关系降为0时，就证明其存在中介效果（图5–1）。

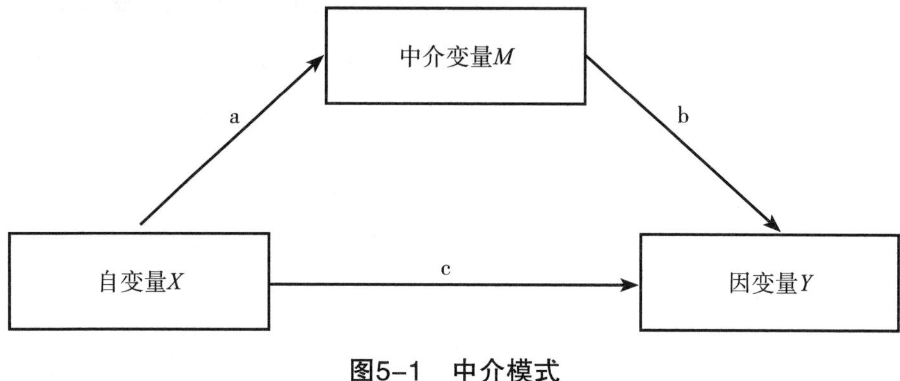

图5-1 中介模式

但Baron和Kenny也指出，当路径c的关系降低为0时，即有很强的证据证明*M*是单一且显著的中介变量。然而，如果路径c的关系有下降，但并没有下降到0，表示其中有多种中介因子在运作，而M仅具有部分中介效果。有关心理学领域及社会学上所探讨的大部分现象都是由多种原因所造成的，因此，在研究上应该以探讨哪些中介变量可以显著降低路径c的相关性为目的，而并不是以完全消除自变量与因变量的关系为目的。

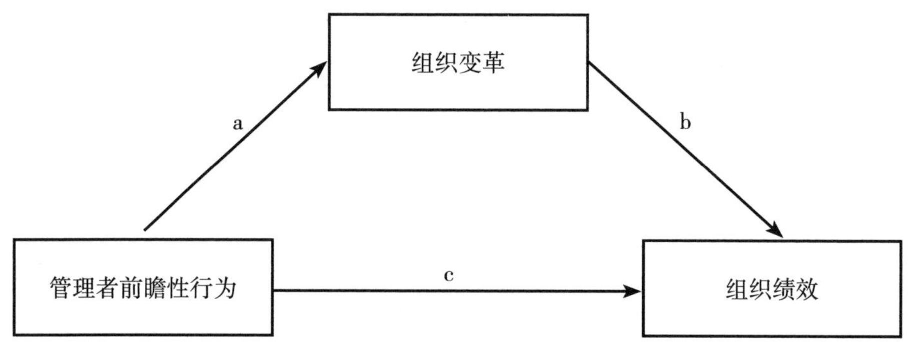

图5-2 本研究欲验证的模式一

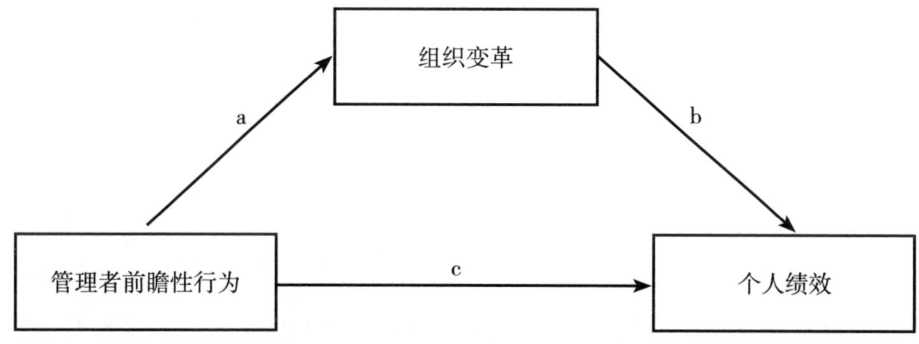

图5-3　本研究欲验证的模式二

在本研究的研究假设中，有两个关系模式（图5-2、图5-3）需要验证组织变革的中介效果，一是组织变革是管理者前瞻性行为与组织绩效的中介关系模式；二是组织变革是管理者前瞻性行为与个人绩效的中介关系模式。

通过前文相关分析结果发现，管理者前瞻性行为与组织变革显著相关，符合Baron和Kenny所提出验证中介模式的前提条件1。同时，管理者前瞻性行为与个人绩效和组织绩效显著相关，部分符合中介模式前提条件2要求。为了进一步验证关系模式中组织变革的中介效果，现需要进一步验证组织变革与个人绩效和组织绩效的相关性。如表5-35所示，组织变革各维度与个人绩效和组织绩效显著相关，进而验证研究假设14，组织变革与组织绩效呈正相关，验证研究假设15，组织变革与个人绩效呈正相关，同时也表明已全部符合中介模式前提条件2要求。

表5-35　组织变革与绩效相关分析表

		结构变革	技术变革	人员变革	文化变革	组织变革
个人绩效	Pearson Correlation	0.477**	0.518**	0.609**	0.649**	0.622**
	Sig.（2-tailed）	0.000	0.000	0.000	0.000	0.000
组织绩效	Pearson Correlation	0.552**	0.509**	0.471**	0.434**	0.542**
	Sig.（2-tailed）	0.000	0.000	0.000	0.000	0.000

一般采用层次回归来分析包含中介变量的假设关系。它在自变量X、因变量Y及中介变量Z的关系间包括两个等式：

$Y=a_1+b_1X+e_1$

$Y=a_2+b_2X+b_3Z+e_2$

第一个方程反映了X对Y的直接影响，第二个方程反映了在Z的控制下，X对Y的影响是否发生变化。当b_1和b_3在统计上显著不为0，并且b_2由于Z的加入而变得不显著时，说明Z存在完全中介作用。当b_2仍在统计上显著不为0，但是相对于b_1的重要程度变小时，称为Z存在部分中介作用。因此，对中介变量的检验还包括检验b_1与b_2的差异。如果在b_1-b_2（常用d表示）中存在显著差异，则说明中介变量是起作用的。d（即b_1-b_2）的显著性是由它的标准误差决定的。d的标准误差计算公式是：

$$s(d)=\left[s^2(b_2)-s^2(b_1)\sigma_2^2/\sigma_1^2\right]^{1/2} \quad \text{（公式5.1）}$$

其中：s^2（b_2）指的是b_2标准差的平方；s^2（b_1）指的是b_1标准差的平方；σ_1^2指的是方程（1）的回归标准方差；σ_2^2指的是方程（2）的回归标准方差。d/s（d）服从t检验。

本研究将采用层次回归分析验证研究假设16。步骤如下：

（1）将管理者前瞻性行为（自变量）放入回归模式中，观察管理者前瞻性行为对组织绩效（因变量）的综合解释力与显著性水平。

（2）将组织变革（中介变量）放入前项回归模式中，如果此时管理者前瞻性行为对组织绩效的综合解释力与显著性水平会因为组织变革的加入而下降，甚至变得不显著，且组织变革对组织绩效有显著的解释力，则可以验证组织变革是管理者前瞻性行为影响组织绩效的中介变量。

根据以上原则和步骤，本研究验证组织变革会对管理者前瞻性行为与组织绩效间的关系产生中介效果的层次回归分析结果如表5-36所示。

表5-36 管理者前瞻性行为与组织变革对组织绩效的层次回归分析表

Model		Standardized Coefficients	t	Sig.	Collinearity Statistics		Standardized Coefficients	t	Sig.	Collinearity Statistics	
		Beta			Tolerance	VIF	Beta			Tolerance	VIF
管理者前瞻性行为	主动思考与进取	0.525	12.018	0.000	0.407	2.458	0.260	11.622	0.000	0.377	2.649
	识别机会与威胁	0.036	0.918	0.359	0.518	1.931	−0.076	−2.134	0.033	0.469	2.132
	实施变革创新	0.058	1.189	0.235	0.326	3.072	−0.048	−1.097	0.273	0.304	3.289
	关注长期绩效	0.186	5.210	0.000	0.612	1.635	0.091	2.739	0.012	0.534	1.874
	持续跟踪改进	0.018	0.420	0.674	0.403	2.482	0.020	0.487	0.626	0.359	2.786
组织变革	结构变革						0.456	10.564	0.000	0.318	3.141
	技术变革						0.131	2.862	0.004	0.283	3.537
	人员变革						0.238	4.517	0.000	0.214	4.673
	文化变革						0.111	2.220	0.027	0.236	4.236
R Square		0.503					0.624				
Adj R^2		0.499					0.619				
F值		129.362					117.157				
F值的显著性（P值）		0.000					0.000				

在模式一中，先将管理者前瞻性行为的四个维度放入回归式中，结果发现，主动思考与进取（β=0.525，P=0.00<0.01）、关注长期绩效（β=0.186，P=0.00<0.01）对组织绩效具有显著正向影响。

然后，在模式二中将组织变革的四个维度放入回归式中。结果发现，原先模式一中的关注长期绩效维度因结果不显著（P=0.012>0.01）而未进入回归方程，主动思考与进取维度虽然进入回归方程，但影响系数由原来的0.525

大幅下降至0.260。而组织变革中的结构变革（β=0.456，P=0.00<0.01）、技术变革（β=0.131，P=0.004<0.01）和人员变革（β=0.238，P=0.00<0.01）则对组织绩效具有显著的正向影响。这样的结果说明，管理者前瞻性行为通过组织变革的中介对组织绩效产生显著的影响力。

因此，根据Baron and Kenny（1986）所提出的理论可知，组织变革的确是管理者前瞻性行为与组织绩效的中介变量，研究假设16获得验证。

根据表5-36再做进一步分析发现，管理者前瞻性行为是通过结构变革、技术变革和人员变革对组织绩效产生正向影响的，也就是说管理者个人的前瞻性行为是通过组织变革的模式，进而作用于组织绩效的，这也就意味着管理者如果不能有机的应用结构变革、技术变革和人员变革手段，那么即使前瞻性行为水平再高，也无法产生良好的组织绩效。此外，在模式二中，虽然管理者前瞻性行为对组织绩效的显著影响会因为组织变革的放入而下降，甚至变得不显著，但其系β数并没有变成0，因此，可知该模式中可能还有其他的中介变量没有被本研究发现。

在本研究的研究假设中，关系模式如图5-3所示，验证研究假设17：组织变革对管理者前瞻性行为与个人绩效间关系产生中介效果。管理者前瞻性行为与个人绩效、管理者前瞻性行为与组织变革、组织变革与个人绩效的关系已在前文得到验证，因此，符合Baron and Kenny（1986）所提出验证中介模式的前提条件。

本研究将采用层次回归分析验证研究假设17。步骤如下：

（1）将管理者前瞻性行为（自变量）放入回归模式中，观察管理者前瞻性行为对个人绩效（因变量）的综合解释力与显著性水平。

（2）将组织变革（中介变量）放入回归模式中，如果此时管理者前瞻性行为对个人绩效的综合解释力与显著性水平会因为组织变革变量的加入而下降，甚至变得不显著，且组织变革对个人绩效有显著解释力，则可以验证组织变革是管理者前瞻性行为影响个人绩效的中介变量。

根据以上原则和步骤，本研究验证组织变革会对管理者前瞻性行为与个人绩效间的关系产生中介效果的层次回归分析结果如表5-37所示。

表5-37 管理者前瞻性行为与组织变革对个人绩效的层次回归分析表

Model		Standardized Coefficients	t	Sig.	Collinearity Statistics		Standardized Coefficients	t	Sig.	Collinearity Statistics	
		Beta			Tolerance	VIF	Beta			Tolerance	VIF
管理者前瞻性行为	主动思考与进取	0.307	6.178	0.000	0.407	2.458	0.198	4.109	.000	.377	2.649
	识别机会与威胁	–0.031	–0.695	0.487	0.518	1.931	–0.146	–3.372	0.001	0.469	2.132
	实施变革创新	0.039	0.695	0.487	0.326	3.072	0.013	0.242	0.809	0.304	3.289
	关注长期绩效	0.232	5.738	0.000	0.612	1.635	0.124	3.052	0.002	0.534	1.874
	持续跟踪改进	0.166	3.336	0.001	0.403	2.482	0.256	5.174	0.000	0.359	2.786
组织变革	结构变革						0.259	4.932	0.000	0.318	3.141
	技术变革						–0.022	–0.368	0.713	0.236	4.236
	人员变革						0.179	2.795	0.005	0.214	4.673
	文化变革						–0.039	–0.706	0.480	0.283	3.537
R Square		0.359					0.441				
Adj R^2		0.354					0.433				
F值		71.707					55.637				
F值的显著性（P值）		0.000					0.000				

在模式一中，先将管理者前瞻性行为的五个维度放入回归式中，结果发现，主动思考与进取（β=0.307，P=0.00<0.01）、关注长期绩效（β=0.232，P=0.00<0.01）、持续跟踪改进（β=0.166，P=0.001<0.01）对个人绩效具有显著正向性影响。

然后，在模式二中，将组织变革的四个测量维度再放入回归模式中，结果发现，不仅原先模式一中的主动思考与进取（β=0.198，P=0.00<0.01）、关注长期绩效（β=0.124，P=0.002<0.01）、持续跟踪改进（β=0.256，

P=0.001<0.01）进入回归方程，而且识别机会与威胁（β=−0.146，P=0.001<0.01）也进入回归方程，同时持续跟踪改进的影响因素由原来的0.166上升为0.256。而组织变革变量中，仅仅结构变革（β=0.259，P=0.00<0.01）和人员变革（β=0.179，P=0.005<0.01）进入回归方程，对于个人绩效的解释度也不是十分显著。这样的结果说明，管理者前瞻性行为对个人绩效的影响并没有由于组织变革的加入而有所改变，因此，根据Baron and Kenny（1986）所提出的理论可知，研究假设17验证不成立，即组织变革并非是管理者前瞻性行为与个人绩效的中介变量。究其原因可能在于，管理者诸多的前瞻性想法和行为未必都能有效投入管理实践当中，部分可能进言更高一级管理者，部分可能受条件限制未予实施，而管理者个人绩效的评价主要依赖于上级管理者的评价，在本层级未能实现的前瞻性行为，可能受到上级的认可和采纳，因此而得到上级的首肯，即管理者前瞻性行为直接作用于个人绩效。为了更深入的探索其中影响方式，有必要针对三个层级的管理者展开更深入的研究。

一、高层管理者前瞻性行为与个人绩效

表5-38　高层管理者前瞻性行为与个人绩效的回归分析

因变量	自变量	β值（标准化回归系数）	t值	t值显著性	VIF	Adj R^2	F值	F值显著性（P值）
个人绩效	主动思考与进取	0.818	10.043	0.000	2.770	0.466	39.967	0.00
	识别机会与威胁	0.195	3.223	0.001	1.536			
	实施变革创新	−0.951	−11.142	0.000	3.043			
	关注长期绩效	0.297	5.476	0.000	1.229			
	持续跟踪改进	0.284	3.854	0.000	2.276			
任务绩效	主动思考与进取	0.687	8.053	0.000	2.770	0.414	32.447	0.000
	识别机会与威胁	0.311	4.901	0.000	1.536			
	实施变革创新	−0.710	−7.938	0.000	3.043			
	关注长期绩效	0.415	7.299	0.000	1.229			
周边绩效	主动思考与进取	0.295	3.258	0.001	2.770	0.339	23.835	0.00
	关注长期绩效	0.317	5.250	0.000	1.229			

从表5-38可知，在高层管理者前瞻性行为对个人绩效的回归模式中，调整后的R^2值为0.466，F值的显著性为0.00（P<0.01），表明该回归模式效果显著，VIF值均在4以下，表明各变量间没有严重的共线性问题。高层管理者前瞻性行为的五个维度，主动思考与进取（β=0.818，P=0.00<0.01）、识别机会与威胁（β=0.195，P=0.00<0.01）、实施变革创新（β=−0.951，P=0.00<0.01）、关注长期绩效（β=0.297，P=0.00<0.01）和持续跟踪改进（β=0.284，P=0.00<0.01）均进入回归模式，其中实施变革创新维度对个人绩效产生负向影响，其他维度对个人绩效产生显著性正向影响。实施变革创新维度对个人绩效的负向影响较出乎意料，深入挖掘其原因可能在于高层管理者基于企业内外部环境作出的为完成企业目标而进行的某些变革与创新行为，很可能在短时间内并不能呈现良好的企业业绩表现，甚至在变革创新实施过程中可能会触及多方利益，在未得到他人认可的情况下，高层管理者前瞻性行为中实施变革创新方面的表现，可能并不会带来个人绩效的提高，这一点在任务绩效的回归模式中也有所体现。

在高层管理者前瞻性行为对任务绩效的回归模式中，调整后的R^2值为0.414，F值的显著性为0.00（P<0.01），表明该回归模式效果显著，VIF值均在4以下，表明各变量间没有严重的共线性问题。高层管理者前瞻性行为的四个维度，主动思考与进取（β=0.687，P=0.00<0.01）、识别机会与威胁（β=0.311，P=0.00<0.01）、实施变革创新（β=−0.710，P=0.00<0.01）和关注长期绩效（β=0.415，P=0.00<0.01）进入回归模式，其中实施变革创新维度对任务绩效产生负向影响，其他维度对任务绩效产生显著性正向影响。

另外，在高层管理者前瞻性行为对周边绩效的回归模式中，调整后的R^2值为0.339，F值的显著性为0.00（P<0.01），表明该回归模式效果显著，VIF值均在3以下，表明各变量间没有严重的共线性问题。高层管理者前瞻性行为的两个维度，主动思考与进取（β=0.295，P=0.00<0.01）和关注长期绩效（β=0.317，P=0.00<0.01）进入回归模式，两个维度均对周边绩效产生显著性正向影响。

二、中层管理者前瞻性行为与个人绩效

表5-39 中层管理者前瞻性行为对个人绩效的回归分析

因变量	自变量	β值（标准化回归系数）	t值	t值显著性	VIF	Adj R^2	F值	F值显著性（P值）
个人绩效	主动思考与进取	0.400	3.235	0.001	4.655	0.486	30.638	0.00
	实施变革创新	0.390	3.150	0.002	4.666			
任务绩效	主动思考与进取	0.644	5.218	0.000	3.421	0.300	14.484	0.000
	识别机会与威胁	0.417	2.894	0.004	4.655			
	实施变革创新	0.330	2.864	0.005	2.972			
周边绩效	主动思考与进取	0.449	3.451	0.001	4.655	0.430	24.710	0.00
	实施变革创新	0.252	2.188	0.003	3.655			

从表5-39可知，在中层管理者前瞻性行为对个人绩效的回归模式中，调整后的R^2值为0.486，F值的显著性为0.00（$P<0.01$），表明该回归模式效果显著，VIF值均在5以下，表明各变量间没有严重的共线性问题。中层管理者前瞻性行为的两个维度，主动思考与进取（$\beta=0.400$，$P=0.00<0.01$）和实施变革创新（$\beta=0.390$，$P=0.00<0.01$）进入回归模式，主动思考与进取、实施变革创新两个维度均对个人绩效产生显著性正向影响。

在中层管理者前瞻性行为对任务绩效的回归模式中，调整后的R^2值为0.300，F值的显著性为0.00（$P<0.01$），表明该回归模式效果显著，VIF值均在5以下，表明各变量间没有严重的共线性问题。中层管理者前瞻性行为的三个维度，主动思考与进取（$\beta=0.644$，$P=0.00<0.01$）、识别机会与威胁（$\beta=0.417$，$P=0.00<0.01$）和实施变革创新（$\beta=0.330$，$P=0.00<0.01$）进入回归模式，三个维度均对任务绩效产生显著性正向影响。

在中层管理者前瞻性行为对周边绩效的回归模式中，调整后的R^2值为0.430，F值的显著性为0.00（$P<0.01$），表明该回归模式效果显著，VIF值

均在5以下，说明各变量间没有严重的共线性问题。中层管理者前瞻性行为的两个维度，主动思考与进取（β=0.449，P=0.00<0.01）和实施变革创新（β=0.252，P=0.00<0.01）进入回归模式，两个维度均对周边绩效产生显著性正向影响。

三、基层管理者前瞻性行为与个人绩效

表5-40　基层管理者前瞻性行为对个人绩效的回归分析

因变量	自变量	β值（标准化回归系数）	t值	t值显著性	VIF	Adj R^2	F值	F值显著性（P值）
个人绩效	主动思考与进取	0.495	5.600	0.000	2.897	0.368	27.316	0.00
任务绩效	主动思考与进取	0.515	5.883	0.000	2.897	0.414	32.447	0.000
周边绩效	主动思考与进取	0.510	5.549	0.000	2.897	0.299	21.501	0.00

从表5-40可知，在基层管理者前瞻性行为对个人绩效的回归模式中，调整后的R^2值为0.368，F值的显著性为0.00（P<0.01），表明该回归模式的效果显著，VIF值均3以下，表明各变量间没有严重的共线性问题。基层管理者前瞻性行为变量中，只有主动思考与进取维度（β=0.495，P=0.00<0.01）进入回归模式，并对个人绩效产生显著性正向影响。

在基层管理者前瞻性行为对任务绩效的回归模式中，调整后的R^2值为0.414，F值的显著性为0.00（P<0.01），表明该回归模式的效果显著，VIF值均在3以下，表明各变量间没有严重的共线性问题。基层管理者前瞻性行为变量中，只有主动思考与进取维度（β=0.515，P=0.00<0.01）进入回归模式，并对任务绩效产生显著性正向影响。

在基层管理者前瞻性行为对周边绩效的回归模式中，调整后的R^2值为0.299，F值的显著性为0.00（P<0.01），表明该回归模式的效果显著，VIF值均在3以下，表明各变量间没有严重的共线性问题。基层管理者前瞻性行为变量中，只有主动思考与进取维度（β=0.510，P=0.00<0.01）进入回归模式，

并对周边绩效产生显著性正向影响。

第九节 研究假设验证

根据本章的数据资料分析与讨论，运用相关分析和多元回归分析验证管理者前瞻性行为的影响因素，发现主动性人格、成就动机、上级支持感、外部环境、环境熟识度、工作胜任程度对管理者前瞻性行为有显著影响作用，因此，研究假设1、假设2、假设4、假设6、假设7、假设8成立，同时经过对不同层级管理者的深度剖析发现，研究假设4、6、7为部分成立。利用典型相关分析发现，管理者前瞻性行为对个人绩效、组织绩效和组织变革有正相关关系，组织变革与组织绩效有正相关关系，因此，研究假设11、12、13、14、15成立。

此外，运用层次回归分析发现，管理者前瞻性行为对组织绩效的显著影响会因为组织变革进入回归式中，变为没有显著影响，而组织变革仍对组织绩效具有显著影响，证明了组织变革的中介效果，研究假设16成立。管理者前瞻性行为对个人绩效的显著影响，并不会因为组织变革进入回归式中而变得没有显著影响了，因此，并没有证明组织变革在管理者前瞻性行为与个人绩效之间关系的中介效果，研究假设17没有成立。另外，经过验证没有成立的研究假设还包括假设3、假设5、假设9、假设10。具体研究假设验证情况，详见表5-41所示。

表5-41 研究假设验证结果汇总表

序号	研究假设	验证结果
1	研究假设1，管理者的主动性人格与前瞻性行为呈正相关。	成立
2	研究假设2，管理者的成就动机与前瞻性行为呈正相关。	成立
3	研究假设3，管理者的自我效能感与前瞻性行为呈正相关。	不成立
4	研究假设4，上级支持与管理者的前瞻性行为呈正相关。	部分成立
5	研究假设5，企业文化与管理者的前瞻性行为呈正相关。	不成立

续表

序号	研究假设	验证结果
6	研究假设6，外部环境与管理者的前瞻性行为呈正相关。	部分成立
7	研究假设7，环境熟识度与管理者的前瞻性行为呈正相关。	部分成立
8	研究假设8，工作胜任程度与管理者的前瞻性行为呈正相关。	成立
9	研究假设9，工作卷入与管理者的前瞻性行为呈正相关。	不成立
10	研究假设10，工作复杂度与管理者的前瞻性行为呈正相关。	不成立
11	研究假设11，管理者前瞻性行为与组织绩效呈正相关。	成立
12	研究假设12，管理者前瞻性行为与个人绩效呈正相关。	成立
13	研究假设13，管理者的前瞻性行为与组织变革呈正相关。	成立
14	研究假设14，组织变革与组织绩效呈正相关。	成立
15	研究假设15，组织变革与个人绩效呈正相关。	成立
16	研究假设16，组织变革对管理者前瞻性行为与组织绩效产生中介效果。	成立
17	研究假设17，组织变革对管理者前瞻性行为与个人绩效产生中介效果。	不成立

第六章　结论和展望

本章主要是对管理者前瞻性行为研究作最后的总结，主要包括三个方面：一是总结和概括本研究的研究结论，二是阐明本研究的主要理论贡献和实践价值，三是总结本研究的不足以及对未来研究的展望。

第一节　研究结论

一、管理者前瞻性行为的结构与维度

诚如前述，虽然前瞻性及前瞻性行为的概念一经提出，便由多位学者进行广泛的探索与研究，但对于管理者这一特殊群体的研究却尤显不足。过去的研究表明，前瞻性行为是一个复杂的多维概念，学者们对它的结构尚未达成共识，特别缺乏实证研究的相关成果。基于此，本文在前期探索性案例分析结论的基础之上，开发管理者前瞻性行为测量量表，量表具有良好的信度和效度。在对管理者前瞻性行为进行初步维度划分，并经过实证研究成果的全面检验发现，管理者前瞻性行为可分为五个维度，分别为主动思考与进取、识别机会与威胁、实施变革创新、关注长期绩效和持续跟踪改进。

二、人口统计变量与管理者前瞻性行为

通过描述性统计和方差分析发现，管理者前瞻性行为不会因年龄、教育程度、工作年限、职务类别（正职与副职）、直接下属数量的不同而产生显著差异。而男性管理者的前瞻性行为表现远好于女性管理者，民营企业管理者相比其他类型企业，更具有前瞻性行为表现。高层管理者相比中层和基层

管理者，更具有前瞻性行为表现。这充分说明管理者前瞻性行为的确存在不同群体间的差异，而且受到诸多内外部因素的影响，特别是高层管理者的职位要求也使其具有良好的前瞻性行为表现，特别是在识别机会与威胁、实施变革创新和关注长期绩效三个子维度表现上远好于中基层管理者。

三、管理者前瞻性行为的影响因素

通过相关分析和回归分析发现，不同层级管理者前瞻性行为影响因素略有差异，高层管理者前瞻性行为影响因素主要包括主动性人格、成就动机、外部环境、环境熟识度和工作胜任程度；中层管理者前瞻性行为影响因素主要包括主动性人格、成就动机、外部环境、环境熟识度、工作胜任程度和上级支持；基层管理者前瞻性行为影响因素主要包括主动性人格、成就动机、工作胜任程度和上级支持。上级支持并不构成高层管理者的影响因素，原因可能为作为企业的高级管理人员，特别是企业法人，已不存在上级，或者个人的管理行为不再受上级的干扰。工作胜任程度在基层管理者的影响因素中起到负向作用，原因可能与基层管理者的职责有关。因此，高层、中层、基层管理者共有的而且起正向影响作用的因素仅包括主动性人格和成就动机。

四、管理者前瞻性行为与组织变革、绩效的关系

通过前文的相关分析和回归分析的实证研究结果发现，在未考虑组织变革变量的情况下，管理者前瞻性行为对组织绩效有显著正向影响，但是加入组织变革变量之后，管理者前瞻性行为对于组织绩效的影响变得不再显著，这表示组织变革对管理者前瞻性行为与组织绩效间产生中介效果。这也就意味着，管理者前瞻性行为是通过组织变革的手段进而作用组织绩效，组织变革在其中具有桥梁和纽带的作用，不可或缺。现实情况亦是如此，管理者对未来良好的想法与构思，通常采取恰当的前瞻性行为，而这种行为本身具有鲜明的变革特性，正好通过组织变革的方式，使组织产生良好的绩效表现。

而对于管理者前瞻性行为与个人绩效间的关系则不尽相同，管理者前瞻性行为对个人绩效具有显著正向影响，但组织变革并不构成中介变量。对于高层管理者而言，主动思考与进取和关注长期绩效更能影响个人绩效及其

中的任务绩效和周边绩效；对于中层管理者而言，主动思考与进取和实施变革创新更能影响个人绩效及其中的任务绩效和周边绩效；对于基层管理者而言，主动思考与进取更能影响个人绩效及其中的任务绩效和周边绩效。

美国学者Lyle M. Spencer和Signe M. Spencer从特征的角度提出素质“冰山模型”。在“冰山模型”中，把个人素质形象地描述为漂浮的冰山，其中知识和技能是属于裸露的表层部分，就是对任职者基础素质的要求，而这部分基础素质并不能将表现优秀者与表现一般者区别开，因此也称为基准性素质。基准性素质是容易被测量和观察的，因而也容易被学习和模仿，可以通过后天针对性的培训和学习后获得。内驱力、社会动机、个性品质、自我形象、态度等属于隐藏在水下的深层素质，因此也称为鉴别性素质。这部分素质是区分绩效优秀者与一般者的关键要素；职位越高，鉴别性素质的作用就越大。相对而言，鉴别性素质不容易被测量和观察，也难于改变和评价，因此很难通过后天的培训和学习而获得。

人的素质包括6个层面，其中动机和特质（性格）是隐藏在最深处的鉴别性素质，而行为则是在此基础上的表现，这也充分说明管理者前瞻性行为是绩效优异管理者特有的素质决定的。而素质冰山模型中，社会角色是指一个人基于态度和价值观的行为方式与风格，管理者前瞻性行为也是管理者社会角色的一种表现形式，因此，它受由动机和特质（性格）的影响，这也再次验证管理者前瞻性行为研究结论，即管理者前瞻性行为受主动性人格和成就动机的影响。

另外，正如素质“冰山模型”所述，管理者拥有良好的动机、特质、行为，进而产生优质绩效，而且随着职位的升高，作用效果越明显。这也从侧面验证本研究的另一个结论，即管理者前瞻性行为与绩效呈正相关。同时，由于管理者前瞻性行为受深层素质的影响，很难后天习得，因此选择前瞻性行为强度高的管理者应重前期招聘而不是后期培训。

第二节 理论贡献

一、案例研究和实证研究管理者前瞻性行为

本研究通过前期的探索性案例分析，发现管理者前瞻性行为的确存在，而且具有典型的实践意义，并提出管理者前瞻性行为的影响因素等研究内容，后期通过实证研究的方法展开验证。

二、构建管理者前瞻性行为的结构与维度

本研究在前人研究的基础上，通过典型案例选择、深入访谈和焦点小组等环节的探索性案例研究方法，探寻管理者前瞻性行为的测评维度，自行开发初始测量量表，经过预测、探索性因子分析和验证性因子分析、实测检验等过程，对管理者前瞻性行为的结构和维度进行深入探讨，并形成标准的管理者前瞻性行为测量问卷，具有较好的信度和效度，可为今后的进一步研究提供参考。在本研究条件下，管理者前瞻性行为主要包括主动思考与进取、识别机会与威胁、实施变革创新、关注长期绩效和持续跟踪改进五个维度。

三、构建并实证管理者前瞻性行为影响因素模型

通过文献检索探讨和探索性案例分析，发现管理者的前瞻性行为可能影响因素，并通过大规模调查的实证研究予以检验，发现不同层级管理者的影响因素不同，高层管理者的影响因素包括主动性人格、成就动机、工作胜任程度、外部环境和环境熟识度，各因素均具有显著性正向影响；中层管理者的影响因素包括主动性人格、成就动机、工作胜任程度、上级支持、外部环境和环境熟识度，各因素均具有显著性正向影响；基层管理者的影响因素包括主动性人格、成就动机、工作胜任程度和上级支持，除工作胜任程度外，其他因素均具有显著性正向影响，进而构建管理者前瞻性行为影响因素模型。

四、揭示并实证管理者前瞻性行为、组织变革与绩效的关系模型

通过文献检索探讨和探索性案例研究方法，探寻管理者前瞻性行为与绩效的关系，并通过大规模调查的实证研究予以检验后发现，管理者前瞻性行为与个人绩效、组织绩效和组织变革正相关，其中组织变革对管理者前瞻性行为与组织绩效有中介效果，揭示管理者前瞻性行为、组织变革与绩效的关系模型。

第三节 实践启示

一、利用招聘技术甄选出具有高水平成就动机、主动性人格的管理者候选人

人力资源部门应将前瞻性纳入管理者胜任素质模型，并成为招聘与甄选的条件之一。在面试过程中，通过性格测试、无领导小组讨论、公文筐等招聘甄选技术，选择具有高水平成就动机、主动性人格的管理人才候选人，淘汰潜在的低前瞻性行为候选人。同时，为选择具有高水平前瞻性行为管理者，也应消除年龄、工作年限、教育程度、是否担任过正职等框架性条件限制，进而选择具有良好行业背景的管理候选人。

二、通过多种培训手段提高管理者工作岗位胜任度

对于已经处于高中基层管理岗位的员工，应通过建立各管理岗位胜任素质模型，对其进行素质与能力测评，发现管理者现实的短板，进而采取多种针对性的培训方式方法全面提高管理者工作岗位的胜任程度，促进管理者前瞻性行为的良好表现。

三、支持与鼓励下级管理者实施前瞻性行为

上级支持感是中基层管理者实施前瞻性行为的重要影响要素之一，上级管理者需要从关心物质、精神利益，提供物质、信息、情感方面支持，认同

个人工作价值等多个方面让下级感受上级的关心与帮助，当他们遇到工作上的问题时及时给予思路上或具体操作方面的指导与帮助，使他们的工作潜能充分发挥出来，并通过有效地激励手段，帮助与鼓励下级管理者实施前瞻性行为。

根据“皮革马利翁效应”，当管理者感知到自己的工作价值被肯定，他们会产生继续努力以延续这种价值认同的内在驱动力，使他们在实现自我、超越自我的过程中实现组织与个人的共同目标。

四、鼓励管理者前瞻性的创新与变革

组织变革是管理者前瞻性行为与组织绩效间的桥梁与纽带，为了促使管理者前瞻性行为具有良好的组织绩效表现，需要鼓励管理者采取切实可行的管理举措实施变革与创新。诚然创新与变革需要面临风险，但综合考虑组织绩效和风险可控因素，管理者前瞻性行为值得提倡与推进。

五、提高中高层管理者对外部环境的关注度

研究发现，外部环境和环境熟识度是中高层管理者实施前瞻性行为的重要影响因素，管理的外部环境不仅影响着管理系统的运行和管理策略的输出，还影响着管理者决策关于行动调整、新行动的策略实施。当管理者对管理环境的识别、判断准确时，所采取的管理行为也是积极而有意义的。因此需要在日常工作，着力提高中高层管理者对于外部环境的关注度，进而提高其熟识度，促使管理者前瞻性行为的有机产生。

第四节　研究不足与展望

本研究虽然取得了较为明确的结论和启示，但鉴于研究时间等各方面条件的限制，本文的研究局限主要在于：

一、问卷测量方法存在局限性

本研究主要采用问卷调查法的方式对管理者前瞻性行为及其他相关变量进行测量，这种测量方式又被称为自陈式测量，是一种通过被试者对问卷中语言的理解而主观推断填答的测量方法，由于被试者对于言语和评分标准等方面的理解不同，不可避免会产生一些主观判断误差，而且在问卷中涉及上级、公司绩效、个人绩效表现等敏感问题，被试者可能会因为害怕别人知道，承受社会舆论压力或自我赞许效应而作出有利于自己的虚假回答。尽管本研究通过反向题、重复题，确保问卷填答的准确性，但仍不能保证被试者回答问题全部真实可靠。

二、研究范围和研究样本代表性不足

通过被试者IP地址识别发现，本次研究的样本主要来源于上海、北京、大连、沈阳、广州、深圳等经济比较发达的城市，没有在全国范围内进行更广泛的取样调查，更未涉及国外管理者样本，从客观上来讲，本研究所得数据的代表性有待进一步验证。在今后的研究中，应尽可能在全国乃至其他国家范围内进行广泛的取样调查，针对做到大样本容量和分层随机取样，使数据更加真实可信也更具代表性。

三、研究的完整性和针对性不足

本研究的范围主要基于管理者进行，但未针对不同层级管理者展开更加细致和有针对性分析的差异化分析。同时，由于研究管理者个人行为属于系统工程，受时间精力和篇幅的限制，文中仅对管理者前瞻性行为自身、影响因素以及与绩效的关系展开研究，缺少其他可能相关变量和影响因素各变量间关系的系统性研究。

针对本文研究局限性和研究中的发现展开进一步思考，未来的管理者前瞻性行为相关方面的研究主要从以下三方面展开：

1.管理者前瞻性行为的测量方法取得突破

管理者前瞻性行为是一种非言语行为，属于隐码式行为方式，其行为特征和行为线索比较模糊，目前对管理者前瞻性行为的测量主要通过静态研究法，比如，问卷调查法和访谈法等间接调查方法，在采用问卷调查法测量时由于各种条件的制约使得出的结果和推广结论也不尽相同。因此在后续研究中，有待于设计和采用更直接的测量方法，如干预试验或现场实地观察进行研究以获得更真实更客观的样本数据，也可通过现代化的仪器设备，观测管理者在作出前瞻性行为的时点前后，大脑、心脏等方面的真实反应，了解人体内在的作用机制。

2.管理者前瞻性行为与其他可能变量间的系统性探索

本研究已经证实管理者前瞻性行为受主动性人格等诸多因素的影响，同时通过组织变革的中介效果作用于组织绩效。然而，本研究并没有针对各影响因素之间的关系、可能存在的控制或中介变量展开研究，也未探讨管理者前瞻性行为与其他变量诸如决策、危机等的关系，这都将成为后续研究的方向，进而全面揭示管理者前瞻性行为与其他变量的关系和内在作用机制。

3.针对特定群体和产业展开深入研究

本研究发现，民营企业管理者前瞻性行为比其他类型企业，更具有典型的前瞻性行为表现，而且高层管理人员的前瞻性表现也好于中层和基层管理人员，因此有必要在特定群体，比如，高层管理人员、中国民营企业或者对于管理者前瞻性行为要求甚高的新兴产业展开深入而透彻的研究，探索其与其他群体、其他行业间的显著差异和内在原因。

参考文献

[1] 吴晓波. 大败局[M]. 杭州：浙江人民出版社，2001.

[2] 张国良，霍绿叶. 论企业家的战略思维能力[J]. 内蒙古经济管理干部学院学报，1999（3）：32-36.

[3] 严明. 现代企业家应具有深度的哲学思维[J]. 企业文明，2003（3）：33-37.

[4] 柳志宏. 科技型中小企业的企业家经营能力与思维创新研究[D]. 杭州：浙江大学，2007.

[5] 郑大武. 管理者超前思维的特点、价值及其培养[J]. 兰州大学学报（社会科学版），2007，35（6）：100-103.

[6] VROOM V H. Work and motivation [M]. New York：Wiley，1964：331.

[7] KIPNIS D，SCHNIDT S M，WILKINSON I. Intraorganizational influence tactics：explorations in getting one's way[J]. Journal of Applied Psychology，1980，65：440-452.

[8] WILLIAMS J S，GRAY L N，VON BROEMBSEN M H. Proactivity and reinforcement：the contingency of social behavior [J]. Small Group Behavior，1976，7：317-330.

[9] ASHFORD S J，CUMMINGS L L. Feedback as an individual resource：personal strategies of creating information [J]. Organizational Behavior and Human Performance，1983，32：370-398.

[10] ASHFORD S J，BLATT R，VANDEWALLE D. Reflections on the looking glass：a review of research on feedback-seeking behavior in organizations [J]. Journal of Management，2003，29：769-799.

[11] RIOUX S M, PENNER L A. The causes of organizational citizenship behavior: a motivational analysis [J]. Journal of Applied Psychology, 2001, 86: 1306–1314.

[12] MORRISON E W, PHELPS C. Taking charge: extra–role efforts to initiate workplace change [J]. Academy of Management Journal, 1999, 42: 403–419.

[13] MORRISON E W. Doing the job well: an investigation of pro–social rule breaking [J]. Journal of Management, 2006, 32: 5–28.

[14] BROTHERIDGE C M, GRANDEY A A. Emotional labor and burnout: comparing two perspectives of people work [J]. Journal of Vocational Behavior, 2002, 60: 17–39.

[15] ASHFORD S J, BLACK J S. Proactivity during organizational entry: antecedents, tactics, and outcomes [J]. Journal of Applied Psychology, 1996, 81: 199–214.

[16] NICHOLSON N. A theory of work role transitions [J]. Administrative Science Quarterly, 1984, 29: 172–191.

[17] SAKS A M, ASHFORTH B. Proactive socialization and behavioral self–management [J]. Journal of Vocational Behavior, 1996, 48: 301–323.

[18] MORRISON E W. Newcomer information seeking: Exploring types, modes, sources, and outcomes [J]. Academy of Management Journal, 1993, 36: 557–589.

[19] MORRISON E W. Longitudinal study of the effects of information seeking on newcomer socialization [J]. Journal of Applied Psychology, 1993, 78, 173–183.

[20] MORRISON E W. Newcomers' relationships: The role of social network ties during socialization [J]. Academy of Management Journal, 2002, 45: 1149–1160.

[21] OSTROFF C, KOZLOWSKI S W. Organizational socialization as a learning

process: The role of information acquisition [J]. Personnel Psychology, 1992, 45: 849–874.

[22] PARKER S K, WILLIAMS H M, TURNER N. Modeling the antecedents of proactive behavior at work [J]. Journal of Applied Psychology, 2006, 91: 636 - 652.

[23] STAW B M, BOETTGER R D. Task revision: A neglected form of work performance [J]. Academy of Management Journal, 1990, 33: 534–559.

[24] ILGEN D, HOLLENBECK J. Handbook of industrial and organizational psychology [M]. Palo Alto: Consulting Psychologists Press, 1991: 165–208.

[25] BLACK J S, ASHFORD S J. Fitting in or making jobs fit: Factors affecting mode of adjustment for new hires [J]. Human Relations, 1995, 48: 421–437.

[26] WRZESNIEWSKI A, DUTTON J E. Crafting a job: Revisioning employees as active crafters of their work [J]. Academy of Management Review, 2001, 26: 179–220.

[27] BAKER W E, FAULKNER R R. Role as resource in the Hollywood film industry [J]. American Journal of Sociology, 1991, 97: 279–309.

[28] CALLERO P L. From role playing to role–using: Understanding role as resource [J]. Social Psychology Quarterly, 1994, 57: 228–243.

[29] PARKER S K, WALL T D, JACKSON P R. "That's not my job" : Developing flexible employee work orientations [J]. Academy of Management Journal, 1997, 40: 899–929.

[30] LATHAM G P, EREZ M, LOCKE E A.Resolving scientific disputes by the joint design of crucial experiments by the antagonists: Application to the Erez - Latham dispute regarding participation in goal setting [J]. Journal of Applied Psychology, 1988, 73: 753–772.

[31] BELL N E, STAW B M. Handbook of career theory [M]. New York:

Cambridge University Press，1989：232–251.

[32] ASHFORD S J，ROTHBARD N P，PIDERIT S K，DUTTON J E. Out on a limb：The role of context and impression management in selling gender-equity issues [J]. Administrative Science Quarterly，1998，43：23–57.

[33] DUTTON J E，ASHFORD S J，LAWRENCE K A，MINER-RUBINO K. Red light，green light：Making sense of the organizational context for issue selling [J]. Organization Science，2002，13：355–369.

[34] 杨林，俞安平. 企业家认知对企业战略变革前瞻性的影响：知识创造过程的中介效应[J]. 南开管理评论.2016，19（1）：120–133.

[35] FELDMAN M S，PENTLAND B T. Reconceptualizing organizational routines as a source of flexibility and change [J]. Administrative Science Quarterly，2003，48：94–118.

[36] EDMONDSON A. Psychological safety and learning behavior in work teams [J]. Administrative Science Quarterly，1999，44：350–383.

[37] SONNENTAG S. Recovery，work engagement，and proactive behavior：A new look at the interface between nonwork and work [J]. Journal of Applied Psychology，2003，88：518–528.

[38] SWIETLIK E. The reacting or proactive personality [J]. Studia Socjologiczne，1968，2：209–218.

[39] FRESE M，FAY D. Personal initiative：An active performance concept for work in the 21st century [J]. Research in Organizational Behavior，2001，23：133–187.

[40] RANK J，PACE V L，FRESE M. Three avenues for future research on creativity，innovation，and initiative [J]. Applied Psychology：An International Review，2004，53：518–528.

[41] BATEMAN T S，CRANT J M. The proactive component of organizational behavior [J]. Journal of Organizational Behavior，1993，14：103–118.

[42] FRESE M，KRING W，SOOSE A，ZEMPEL J. Personal initiative at

work: Differences between East and West Germany [J]. Academy of Management Journal, 1996, 39: 37–63.

[43] FRESE M. Work motivation in the context of a globalizing economy [M]. Mahwah, NJ: Lawrence Erlbaum Associates, 2001: 99–110.

[44] GRIFFIN R W, LOPEZ Y P. "Bad behavior" in organizations: A review and typology for future research [J]. Journal of Management, 2005, 31: 988–1005.

[45] SPECTOR P E, FOX S. An emotion–centered model of voluntary work behavior: Some parallels between counterproductive work behavior and organizational citizenship behavior [J]. Human Resource Management Review, 2002, 12: 269–292.

[46] ASHFORD S J, CUMMINGS L L. Proactive feedback seeking: The instrumental use of the information environment [J]. Journal of Occupational Psychology, 1985, 58: 67–79.

[47] ROBERSON L. Prediction of job satisfaction from characteristics of personal work goals [J]. Journal of Organizational Behavior, 1990, 11: 29–41.

[48] KIM T, CABLE D M, KIM S. Socialization tactics, employee proactivity, and person–organization fit [J]. Journal of Applied Psychology, 2005, 90: 232–241.

[49] LEPINE J A, VAN DYNE L. Predicting voice behavior in work groups [J]. Journal of Applied Psychology, 1998, 83: 853–868.

[50] LEPINE J A, VAN DYNE L. Voice and cooperative behavior as contrasting forms of contextual performance: Evidence of differential relationships with Big Five personality characteristics and cognitive ability [J]. Journal of Applied Psychology, 2001, 86: 325–336.

[51] MESTDAGH E. VAN R B. BEECKMAN K. A concept analysis of proactive behaviour in midwifery[J]. Journal of Advanced Nursing, 2016, 72

（6）：1236-1250.

[52] DUTTON J E，ASHFORD S J. Selling issues to top management [J]. Academy of Management Review，1993，18：397-428.

[53] MORRISON E W，PHELPS C. Taking charge：Extra-role efforts to initiate workplace change [J]. Academy of Management Journal，1999，42：403-419.

[54] KIPNIS D，SCHMIDT S M. Upward-influence styles：Relationship with performance evaluations，salary，and stress [J]. Administrative Science Quarterly，1988，33：528-542.

[55] NICHOLSON N. A theory of work role transitions [J]. Administrative Science Quarterly，1984，29：172 - 191.

[56] PARKER S K，WALL T D，JACKSON P R. "That's not my job"：Developing flexible employee work orientations [J]. Academy of Management Journal，1997，40：899-929.

[57] STAW B M，BOETTGER R D. Task revision：A neglected form of work performance [J]. Academy of Management Journal，1990，33：534-559.

[58] MORRISON E W. Doing the job well：An investigation of pro-social rule breaking [J]. Journal of Management，2006，32：5-28.

[59] PARKER S K，WILLIAMS H M，TURNER N. Modeling the antecedents of proactive behavior at work [J]. Journal of Applied Psychology，2006，91，636-652.

[60] GRIFFIN R W，LOPEZ Y P. "Bad behavior" in organizations：A review and typology for future research [J]. Journal of Management，2005，31：988-1005.

[61] OSTROFF C，KOZLOWSKI S W. Organizational socialization as a learning process：The role of information acquisition [J]. Personnel Psychology，1992，45：849 - 874.

[62] CRANT J M. Proactive behavior in organizations [J]. Journal of

Management, 2000, 26: 435-462.

[63] PARKER S K. From passive to proactive motivation: The importance of flexible role orientations and role breadth self-efficacy [J]. Applied Psychology: An International Review, 2000, 49: 447-469.

[64] RANK J, PACE V L, FRESE M. Three avenues for future research on creativity, innovation, and initiative [J]. Applied Psychology: An International Review, 2004, 53: 518-528.

[65] HOWELL J M. The right stuff: Identifying and developing effective champions of innovation [J]. Academy of Management Executive, 2005, 19: 108-119.

[66] SHALLEY C E, ZHOU J, OLDHAM G R. The effects of personal and contextual characteristics on creativity: Where should we go from here [J]. Journal of Management, 2004, 30: 933 - 958.

[67] UNSWORTH K. Unpacking creativity [J]. Academy of Management Review, 2001, 26: 289 - 297.

[68] 张婕，樊耘，张旭. 前瞻性行为视角下的员工创新—前瞻性人格、反馈寻求与员工创新绩效[J]. 南开管理评论，2014，17（5）：13-23.

[69] BATEMAN T S, CRANT J M. The proactive component of organizational behavior [J]. Journal of Organizational Behavior, 1993, 14: 103 - 118.

[70] MORRISON E W, PHELPS C C. Taking charge at work: extra-role efforts to initiate workplace change [J]. Academy of Management Journal, 1999, 42: 403-419.

[71] FRESE M, FAY D. Personal initiative: an active performance concept for work in the 21st century [J]. Research in Organizational Behavior, 2001, 23: 133-187.

[72] FRESE M, KRING W, SOOSE A, ZEMPEL J. Personal initiative at work: differences between East and West Germany [J]. Academy of Management Journal, 1996, 39: 37-63.

[73] SHARON K P, HELEN M W, NICK T. Modeling the antecedents of proactive behavior at work [J]. Journal of Applied Psychology, 2006, 91 (3): 636-652.

[74] SANDRA O, CHARLOTTE F. Challenging the status quo: what motivates proactive behavior [J]. Journal of Occupational and Organizational Psychology, 2007, 80 (4): 623-629.

[75] ADAM M G, SUSAN J A. The dynamics of proactivity at work [J]. Research in Organizational Behavior, 2008, 28: 3-34.

[76] ALAN M S, JAMIE A G, HELENA C T. The neglected role of proactive behavior and outcomes in newcomer socialization [J]. Journal of Vocational Behavior, 2011, 79 (1): 36-46.

[77] KAMMEUER-MUELLER J D, LIVINGSTON B A, LIAO H. Perceived similarity, proactive adjustment, and organizational socialization [J]. Journal of Vocational Behavior, 2011, 78: 225-236.

[78] RAYMOND L. YAN L. LONG W L. Buffering emotional job demands: The interplay between proactive personality and team potency[J]. Journal of Vocational Behavior, 2016, 95-96: 128-137.

[79] KEJIAN Y. XIAOFEI Y. JIEYI F. ZHENGXUE L. Leader-follower congruence in proactive personality and work engagement: A polynomial regression analysis[J]. Personality and Individual Differences, 2017, 105: 43-46.

[80] ZHOU J. Proactive personality and career adaptability: The role of thriving at work[J]. Journal of Vocational Behavior, 2017, 98: 85-97.

[81] ZIJUN C. YANJUN G. HONGYAN L. Self-esteem and proactive personality as predictors of future work self and career adaptability: An examination of mediating and moderating processes[J]. Journal of Vocational Behavior, 2015, 86: 86-94.

[82] LARAMIE R T. PATRICK R J M G. VINH N L. Career adaptation: The

relation of adaptability to goal orientation，proactive personality，and career optimism[J]. Journal of Vocational Behavior，2014，84（1）：39-48.

[83] VISWESVARAN C. Assessment of individual job performance：a review of the past century and a look ahead [J]. Handbook of Industrial，Work and Organizational Psychology，2001，1：95-125.

[84] 林叶，李燕萍. 前瞻性行为与员工的工作绩效-领导的政治性和团队政治氛围的调节作用[J]. 商业经济与管理，2016，（7）.

[85] PODSAKOFF P M，MACKENZIE S B，PAINE J B，BACHRACH D G. Organizational citizenship behaviors：a critical review of the theoretical and empirical literature and suggestions for future research [J]. Journal of Management，2000，26：513-563.

[86] 孟云月. 领导前瞻性人格对组织公民行为的影响：员工归因和愿景激励的作用[D]. 苏州：苏州大学，2015.

[87] 冯缙. 大学生前瞻性人格与时间洞察力的相关研究[D]. 重庆：西南大学，2008.

[88] 李珊. 大学生前瞻性人格与学习投入的相关研究[J]. 求知导刊，2016，（8）

[89] 张斌，彭望. 大学毕业生前瞻性人格应对效能与就业压力关系[J]. 中国公共卫生，2015，31（11）.

[90] 叶莲花. 企业员工前瞻性人格的结构及相关研究[D]. 广州：暨南大学，2007.

[91] 吕霄，攀耘. 前瞻性人格对角色内绩效的影响：个性化交易和员工创新行为的作用[J]. 科学学与科学技术管理，2016，37（8）.

[92] 逄键涛，温珂. 主动性人格、工作满意度与员工创新行为-对中国医药生物技术企业的实证分析[J]. 科学学研究，2016，34（1）.

[93] 张振刚，李云健，余传鹏. 员工的主动性人格与创新行为关系研究-心理安全感与知识分享能力的调节作用[J]. 科学学与科学技术管理，

2014，35（7）.

[94] 王本贤，朱虹. 前瞻性人格与创业意向的关系[J]. 中国高等教育，2015，（19）.

[95] 刘云. 前瞻性人格对员工变革行为的影响-心理安全气氛的调节作用[J]. 软科学，2013，27（5）.

[96] 王建伟. 前瞻性思维的五大时代观念支持[J]. 天津大学学报（社会科学版），2007，9（1）：92-95.

[97] 武四化. 前瞻性思维及其在财务管理中的价值与应用[J]. 经营管理者，2015（36）.

[98] 丁莉娜. 前瞻性人格对保险人员工作状态的影响[J]. 北方经贸，2009，（7）：89-90.

[99] 左雅靓，窦泽南. 青年技能型人才的前瞻性人格、职业认同与工作适应[J]. 中国青年研究，2016，（5）.

[100] 赵青. 销售人员的前摄性应对方式、个体特征与角色压力对工作投入的作用研究[D]. 杭州：浙江大学，2006.

[101] PARKER S K，COLLINS C G. Taking stock：Integrating and differentiating multiple proactive behaviours [J]. Journal of Management，2010，36：633-662.

[102] WU C. PARKER S K. The role of attachment styles in shaping proactive behaviour：An intra-individual analysis[J]. Journal of Occupation & Organization Psychology，2012，85（3）：523-530.

[103] CRANT J M，BATEMAN T S. Charismatic leadership viewed from above：The impact of proactive personality [J]. Journal of Organizational Behaviour，2002，1：63-75.

[104] OHLY S，SONNENTAG S，PLUNTKE E. Routinization，work characteristics and their relationships with creative and proactive behaviours [J]. Journal of Organizational Behaviour，2006，27：257-279.

[105] CAESENS G. MARIQUE G. HANIN D. The relationship between perceived organizational support and proactive behaviour directed towards the organization[J]. European Journal of Work & Organizational Psychology，2016，25（3）：398–411.

[106] BATISTIC S. CERME M. KASE R. The role of organizational context in fostering employee proactive behavior：The interplay between HR system configurations and relational climates[J]. 2016，34（5）：579–588.

[107] STRAUSS K，GRIFFIN M A，RAFFERTY A E. Proactivity directed toward the team and organization：The role of leadership，commitment and role–breadth self–efficacy [J]. Journal of Management，2009，20：279–291.

[108] SANDRA O，CHARLOTTE F. Work characteristics，challenge appraisal，creativity，and proactive behavior：A multi–level study [J]. Journal of Organizational Behavior，2010，31：543–565.

[109] 林叶，李燕萍. 前瞻性行为与员工的工作绩效–领导的正直性和团队政治氛围的调节作用[J]. 商业经济与管理，2016，（7）.

[110] DEN HARTOG D N，BELSCHAK F D.Personal initiative，commitment and affect at work [J]. Journal of Occupational and Organizational Psychology，2007，80：601–622.

[111] SEYYED M K H，HOSSIN K N，SEYED M H，AHMAD R. Agricultural personnel's proactive behavior：Effects of self efficacy perceptions and perceived organizational support [J]. International Business and Management，2012，4（1）：83–91.

[112] FRANK D B，DEANNE N，DORIS F. Exploring positive，negative and context–dependent aspects of proactive behaviours at work [J]. Journal of Occupational and Organizational Psychology，2010，83：267–273.

[113] BATEMAN T S，CRANT J M. The proactive component of organizational behavior [J]. Journal of Organizational Behavior，1993，14：103–118.

[114] MCCLELLAND D C. Motives in Fantasy, Action and Society [M]. Princeton, NJ: Van Nostrand, 1958.

[115] 余安邦，杨国枢. 社会取向成就动机与自我取向成就动机：概念分析与实证研究[J]. 中央研究院民族学研究所集刊，1987，（64）：51-58.

[116] BANDYRA A. Self-efficacy: Toward a unifying theory of behavior change [J]. Psychological Review, 1977, 84（3）: 191-215.

[117] 陆昌勤，方俐洛，凌文辁. 管理者的管理自我效能感[J]. 心理学动态，2001，9（2）：179-185.

[118] BOSSCHER, SMIT J H. Confirmatory factor analysis of the general self-efficacy scale [J]. Behaviour Research and Therapy, 1998, 36: 339-343.

[119] 徐艳，朱永新. 企业员工的工作卷入研究[J]. 社会心理科学，2003，（4）：75-79.

[120] 周明霞，李博. 组织职业生涯管理与工作卷入关系的研究[J]. 人力资源，2006，9（2）：69-77.

[121] BURKE M J, BORUCKI C C, HURLEY A E. Reconceptualizing psychological climate in a retail service environment: A multiple-stakeholder perspective [J]. Journal of Applied Psychology, 1992, 77（5）: 717-729.

[122] 王凤佐. 员工对上级的社会支持的感知及其对工作压力感的影响[D]. 大连：大连理工大学，2004.

[123] CAMERON K S, QUINN R. Diagnosing and changing organizational culture: Based on the competing values framework [M]. San Francisco, CA: Jossey-Bass Publishers, 2011.

[124] SCHEIN E. Coming to a new awareness of organizational culture [J]. Sloan Management Review, 1984, 25（2）: 3-16.

[125] ROBBINS S. Organizational behavior: concepts, controversies, and

applications [M]. New.Jersey：Prentice Hall，2000.

[126] DEAL T E，KENNEDY A. Corporate cultures：the rites and rituals of corporate life [M]. London：Addison–Wesley Co.，1982.

[127] O'REILLY C A，CHATMAN J，CALDWELH D F. People and organizational culture：A profile comparisons approach to assessing person–organization fit [J]. Academy of Management Journal，1991，34（3）：487–516.

[128] 斯蒂芬 · P. 罗宾斯.管理学（第四版）[M]. 北京：中国人民大学出版社，1997：64.

[129] DUNCAN R B. Characteristics of perceived environments and perceived environmental Uncertainty [J]. Administrative Science Quarterly，1972，17：313–327.

[130] 王永龙. 动态复杂性环境中的组织创新研究[J]. 经济管理 · 新管理，2002，（6）：8–15.

[131] MICHAEL J Z. Information systems，strategic flexibility and firm performance：An empirical investigation [J]. Eng. Technol. Manage，2005（22）：163–184.

[132] HOMA P. Business process re–engineering：theory and evidence based practice [J]. Business Process Management Journal，1995，1（3）：10–30.

[133] LEWIN. Field theory in social science [M]. New York：Harper & Row，1951.

[134] LEAVITT H J. New Perspectives in Organizational Research [M]. Chichester：John Wiley，1964.

[135] SAAL F E，KNIGHT P A. Industrial/Organizational psychology：Science & practice [M]. Pacific Grove，California：Brooks/Cole，1998.

[136] VENKATRAMAN V R. Mcasurement of business performance in strategy research：A comparison of approaches [J]. Academy of Management

Review，1986，11（4）：801–814.

[137] KAPLAN R S，NORTON D P. The balanced scorecard：Translating strategy into action [M]. Cambridge：the president and fellows of Harvard College，1996.

[138] BYARS L L，RUE L W. Human resources management （双语版）[M]. 北京：人民邮电出版社，2005.

[139] MURPHY R J. Field performance of a digital transient surge recorder [M]. Power Delivery，IEEE Transactions on，1990，5（2）：899–904.

[140] CAMPBELL J P. Modeling the performance prediction problem in industrial and organizational psychology [M]. Palo Alto，CA：Consulting Psychologists Press，1990：687–732.

[141] BORMAN W C，MOTOWIDLO S J. Personnel selection in organizations [M]. San Francisco：Jossey–Bass，1993：71–98.

[142] COOPER D R，EMORY C W. Business research methods （5th ed.）[M]. Homewood，Illinois：Irwin，1995：93.

[143] CHURCHILL G A. A paradigm for developing better measures of marketing constructs [J]. Journal of Marketing Research，1979，16（1）：64–73.

[144] EISENHARDT K M. Building theories from case study research [J]. Academy of Management Review，1989，14（4）：532–550.

[145] PATTON M Q. Qualitative evaluation and research methods （3rd ed.）[M]. Thousand Oaks，Calif：Sage Publications，2002：52–67.

[146] GLASER B G. Theoretical Sensitivity [M]. Mill Valley，CA：Sociology Press，1978：3.

[147] 李海，张勉，李博. 组织凝聚力结构与影响因素：案例研究及理论建构[J]. 北京师范大学学报（社会科学版），2009，（6）：47–56.

[148] BATEMAN T S，CRANT J M. The proactive component of organizational behavior [J]. Journal of Organizational Behavior，1993，14：103–118.

[149] MCCLELLAND D C. Motives in Fantasy, Action and Society [M]. Princeton, NJ: D. Van Nostrand, 1958: 12–13.

[150] 陆昌勤，方俐洛，凌文辁. 管理者的管理自我效能感[J]. 心理学动态，2001，9（2）：179–185.

[151] KOTTKE J L, SHARAFINSKI C E. Measuring perceived supervisory and organizational support [J]. Educational & Psychological Measurement, 1988, 48 (5): 1075–1079.

[152] BURKE M J, BORUCKI C C, HURLEY A E. Reconceptualizing psychological climate in a retail service environment: a multiple-stakeholder perspective [J]. Journal of Applied Psychology, 1992, 77 (5): 717–729.

[153] LEVINSON H. Reciprocation: the relationship between man and organization [J]. Administrative Science Quarterly, 1965, 9 (4): 370–390.

[154] EISENBERGER R, ARMELI S, REXWINKEL B, LYNCH P D, RHOADES L. Reciprocation of perceived organizational support [J]. Journal of Applied Psychology, 2001, 86 (1): 42–51.

[155] SCHEIN E. Coming to a new awareness of organizational culture [J]. Sloan Management Review, 1984, 25 (2): 3–6.

[156] ROBBINS S P. Organizational theory: structure, design, and applications [M]. New Jersey: Prentice Hall International Inc, 1990: 79–81.

[157] 贾良定，唐翌，李宗卉，乐军军，朱宏俊. 愿景型领导：中国企业家的实证研究及其启示[J]. 管理世界，2004，（2）：84–96.

[158] CAMPBELL J P. Handbook of Industrial and Organizational Psychology [M]. Palo Alto, CA: Consulting Psychologists Press, 1990: 63.

[159] 王重鸣，陈民科. 管理胜任力特征分析：结构方程模型检验[J]. 心理科学，2002，25（5）：13–16.

[160] BASS B M. Leadership and performance beyond expectations [M]. New York：Free Press，1985：3–16.

[161] KOH W L，STEERS R M，TERBORG J R. The effects of transformational leadership on teacher attitudes and student performance in Singapore [J]. Journal of Organizational Behavior，1995，16：319–333.

[162] 潘旭明. 组织绩效的评价标准及影响因素分析[J]. 电子科技大学学报社科版，2004，（2）：20–23.

[163] 周萍. 职能导向与流程导向组织绩效影响因素研究[J]. 山东大学学报，2008，（2）：120–128.

[164] JOHNSON P F，MICHIEL R L. The supply organizational structure dilemma [J]. Journal of Supply Chain Management，2001，（6）：4–11.

[165] DECANIO C D. Importance of organizational structure for the adoption of innovations [J]. Management Science，2000，46（10）：1285–1299.

[166] NEUMAN W L. Social research methods：qualitative and quantitative approaches [M]. Boston：Allyn and Bacon，2000：25–57.

附录A　管理者前瞻性行为调查预试问卷

尊敬的先生/女士：

您好！非常感谢您协助我们填写此问卷，本调查主要针对管理者前瞻性行为进行匿名调查，回答无所谓对错，请您根据自己的真实感受填答。您回答的真实性对于我们研究的准确性十分重要。

填写问卷大约需要20分钟，再次由衷感谢您的真诚合作！请务必填答每一个题目！请在相应序号的栏目打√

第一部分：个人基本情况

（1）您的性别：□男　□女

（2）您的年龄：□25~30岁　□31~40岁　□41~50岁　□50岁以上

（3）教育程度：□大专及以下　□本科　□硕士及以上

（4）你目前所在单位性质：□国营企业　□外资企业　□合资企业　□民营企业　□其他

（5）现任职位：□一般工作人员　□基层管理人员　□中层管理人员　□高层管理人员

（6）职务类别：□正职　□副职　□其他

（7）现所在部门/公司的人数：□1~4人　□5~9人　□10~14人　□15人以上

（注：高层管理者请针对您公司情况填写；中层、基层、一般工作人员针对本部门情况填写，下同）

（8）您在所在单位的工作年限：□1年以下　□1~3年　□4~6年　□6~8年　□8年以上

第二部分：管理者前瞻性行为影响因素

下面的句子主要描述的是您在工作中的一些情况，请您仔细阅读以下每一条目，然后在后面的括号内填写最符合您状况的数字。

1=非常不符合，2=比较不符合，3=不确定，4=比较符合，5=非常符合

2.1 主动性人格

（1）看到自己不喜欢的事情，我会改变它 （ ）

（2）不管成功的机会有多大，只要我相信某件事，我就会将它变为现实 （ ）

（3）我因为自己的观点出类拔萃，即使其他人反对也不顾 （ ）

（4）我善于发现机会 （ ）

（5）我一直在寻找更有效的做事情方法 （ ）

（6）我一旦有了想法，没有障碍可以阻止我让它变为现实 （ ）

2.2 成就动机

（1）我工作敬业投入 （ ）

（2）我工作勤奋努力 （ ）

（3）面对困难时我坚忍不拔 （ ）

（4）我能够创造性地开展工作 （ ）

（5）我在工作中不断学习，掌握更多技能 （ ）

（6）我追求工作充实丰富 （ ）

（7）我制订周密计划 （ ）

（8）我和同事们完成任务时互相合作与协同 （ ）

（9）我总是支持领导和同事开展工作 （ ）

（10）我的资源及成果与同事共享 （ ）

（11）我与同事有充分的信息沟通 （ ）

（12）我和同事们共同参与决策 （ ）

（13）我和同事间彼此信任 （ ）

（14）我经常促进人际关系的改善 （ ）

（15）我能够博取别人的赞赏和尊重 （ ）

（16）我工作是为了获取更高的报酬 （ ）

（17）我追求卓越业绩 （ ）

（18）我的工作目标不断提升（　　）

（19）我会争取有更高的地位（　　）

（20）我不断超越自我（　　）

（21）我为了实现目标专心致志（　　）

（22）我乐于承担更有挑战性的工作（　　）

（23）我完成任务总是胜人一等（　　）

（24）我能够展现自己的成绩（　　）

（25）我设法获取工作业绩的反馈信息（　　）

（26）我总想与别人一比高低（　　）

（27）我相信有竞争才促使自己加倍努力（　　）

2.3 自我效能感

（1）面对复杂的问题，我总是尝试去解决（　　）

（2）当新事物看起来很难的时候，我就尽量不去接触（　　）

（3）我擅长持久性学习新事物新知识（　　）

（4）一旦作出计划，我将坚决执行并落到实处（　　）

（5）如果第一次尝试失败，我将继续尝试直到成功（　　）

（6）即使是不喜欢做的事情，我也会坚持完成（　　）

（7）当我决定下来做什么事，我就会坚持不懈（　　）

（8）失败会使我变得更坚强（　　）

（9）对我来说，坚持理想和达成目标是轻而易举的（　　）

（10）以我的才智，我定能应付意料之外的情况（　　）

（11）有麻烦的时候，我通常能想到一些应付的方法（　　）

（12）无论什么事在我身上发生，我都能够应付自如（　　）

2.4 工作胜任程度

（1）我符合目前岗位的任职资格条件（　　）

（2）我的能力和素质能满足现在和未来工作的需要（　　）

2.5 工作卷入

（1）对我来说，我现在的工作只意味着全部生活中很小的一部分（　　）

（2）我全身心地投入到我的工作中 （ ）

（3）我与我的工作同呼吸、共命运 （ ）

（4）对我的工作，我倾注了大多数的热情与兴趣 （ ）

（5）我感到与现在的工作紧密相联，不可分割 （ ）

（6）我经常觉得与现在的工作很疏远 （ ）

（7）我的工作主导着我的多数人生追求与目标 （ ）

（8）我认为我的工作是我存在的核心 （ ）

（9）我乐于将绝大多数时间花在与工作有关的事情上 （ ）

2.6 工作复杂度

（1）我的工作本身存在很大变数 （ ）

（2）我的岗位职责只能部分涵盖工作内容 （ ）

2.7 上级支持

（1）上级会考虑我应得多少薪水的问题 （ ）

（2）当我因工作失误受到物质上的惩罚时，我的上级不会给我任何支持和保护 （ ）

（3）当我的利益受到损害时，上级会为我极力挽回 （ ）

（4）上级在作出可能与我个人利益发生冲突的决策时，会考虑我的最大利益 （ ）

（5）当我偶尔因生活上的特殊问题而影响工作时，上级不会因此惩罚我 （ ）

（6）我的上级关心我的利益 （ ）

（7）上级会接受我改善工作条件的合理要求 （ ）

（8）当我的工作负荷变大时，上级会给我提供相应的工具支持（ ）

（9）一旦我需要某种知识和技能去完成工作，上级会很快为我安排或者争取培训机会 （ ）

（10）上级究竟想让我怎样去工作，我觉得很模糊 （ ）

（11）上级给我提供的信息总是不确切或者不完整 （ ）

（12）上级对我工作的反馈，总是会对我的工作产生指导作用 （ ）

（13）如果我需要，我总是可以从上级那里得到工作指导 （ ）

（14）上级会把他要提供给我的信息按照轻重缓急的顺序传达给我（ ）

（15）上级对我的工作给予了公正的评估 （ ）

（16）上司经常因为我工作上的一些小失误而批评我 （ ）

（17）当我遇到工作问题的时候，上级通常会在精神上鼓励我 （ ）

（18）当我的工作做得好时，上级会公开表扬我 （ ）

（19）上级和我在工作上互相尊重和信任 （ ）

（20）我的上级支持我的工作 （ ）

（21）上级认同我的潜力 （ ）

（22）上级认为我应该得到晋升 （ ）

（23）上级为我在工作中的出色表现而感到骄傲 （ ）

（24）上级认为我对公司起了不小的作用 （ ）

（25）上级认为把我解雇是不小的损失 （ ）

（26）我的上级认同我的价值 （ ）

2.8 组织文化

（1）公司决策由掌握相关信息最多的人或团队制定 （ ）

（2）每个人在需要相应信息时都能及时获得，信息广泛共享 （ ）

（3）每个人都相信自己对公司能产生重要影响 （ ）

（4）每个人都觉得自己是公司团队的重要组成部分 （ ）

（5）公司依靠同级部门间的控制和协作来完成工作，而不是依靠上下级间的命令 （ ）

（6）公司主要以团队的形式来组织分配工作或项目 （ ）

（7）与竞争对手相比，公司在很多方面都在不断地进步完善 （ ）

（8）公司不断投资对员工技能进行培训 （ ）

（9）公司员工的能力、技能是企业竞争优势的重要来源 （ ）

（10）领导和经理们都严格遵守公司制定的方针政策 （ ）

（11）公司有一个指导公司经营的明确价值理念 （ ）

（12）公司有一个指导员工行为的伦理标准，告诉员工对错 （ ）

（13）当出现分歧时，我们努力达成对双方都有利的解决方案（ ）
（14）即使是在很艰难的问题上，公司也很容易达成一致意见（ ）
（15）在很多关键问题上，我们经常难以达成一致（ ）
（16）所有员工对公司的发展都具有同样的憧憬（ ）
（17）在不同职能部门之间协调工作非常容易（ ）
（18）公司不同层次职位的员工间有良好的共同目标（ ）
（19）公司能够对变化快速响应并能随时接受变化（ ）
（20）公司对商业环境中竞争对手变化和其他变化的反应非常迅速（ ）

2.9 外部环境

（1）同类企业之间竞争强度高（ ）
（2）过去5年，行业市场增长速度快（ ）
（3）未来5年，行业市场可能的增长速度快（ ）
（4）客户比较稳定（ ）
（5）供应商比较稳定（ ）
（6）人才供应稳定（ ）
（7）地方的基础设施为本企业发展提供良好的支撑（ ）
（8）地方的软环境能迎合本企业的发展需要（ ）
（9）地方政府在本企业发展过程中有政策扶持（ ）
（10）有充分的分包商、咨询机构等为本企业提供帮助（ ）
（11）本地区融资渠道丰富（ ）
（12）对部门/公司未来发展的各个影响因素进行预测很困难（ ）
（13）各个影响部门/公司未来发展的因素之间经常相互影响（ ）
（14）部门/公司未来发展的各种决策行为的结果无法估计（ ）
（15）部门/公司现有资源的利用受到诸多因素的影响（ ）
（16）部门/公司未来发展机会受到诸多因素的影响（ ）
（17）部门/公司未来发展存在诸多的瓶颈性因素（ ）

2.10 环境掌控度

（1）我对外部环境的变化了如指掌（ ）

（2）我能有效应对外部环境的变化 （ ）

第三部分：管理者前瞻性行为测量

下面的句子主要描述的是您在工作中的一些情况，请您仔细阅读以下每一条目，然后在后面的括号内填写最符合您状况的数字。

1=非常不符合，2=比较不符合，3=不确定，4=比较符合，5=非常符合

（1）我常常思考解决现实问题的方法 （ ）

（2）不论别人在不在工作，我都会主动工作 （ ）

（3）我坚信只有创新与变革组织才能生存 （ ）

（4）当机遇来临，我能比其他人更早抓住 （ ）

（5）当风险来临，我能预知并提前做好准备 （ ）

（6）仓促行事、慌乱应对是我最憎恶的工作方式 （ ）

（7）我一直在尝试提高工作质量的新方式 （ ）

（8）我时刻提醒自己创新与变革 （ ）

（9）对于我认定的事情，不管多么困难，我都会坚持不懈 （ ）

（10）在工作中，我通常有自己的长期与近期计划 （ ）

（11）我经常考虑组织的长远发展问题 （ ）

（12）我能预测本组织的未来的绩效结果 （ ）

（13）当出现错误时，我会立即寻找一个解决方案 （ ）

（14）我擅长将问题转化为机遇 （ ）

（15）我相信机会属于那些有准备的人 （ ）

第四部分：管理者前瞻性行为应用

下面的句子主要描述的是您在工作中的一些情况，请您仔细阅读以下每一条目，然后在后面的括号内填写最符合您状况的数字。

1=非常不符合，2=比较不符合，3=不确定，4=比较符合，5=非常符合

4.1组织变革

（1）在拟定发展目标时，能兼顾政府、顾客、公司本身及员工的需求 （ ）

（2）对各种事务与人力可以进行弹性分配 （ ）

（3）能依员工的特点进行岗位与任务的划分 （ ）

（4）运作时能落实分层授权 （ ）

（5）各部门与组织的功能发挥得当 （ ）

（6）实行信息化以提高工作效率 （ ）

（7）会适时引进各种先进设备 （ ）

（8）经常对各种设备进行保养 （ ）

（9）各项工作流程能应变革需求重新进行调整 （ ）

（10）给员工提供各种学习和进修机会 （ ）

（11）员工之间能彼此分享工作和学习经验 （ ）

（12）员工之间有着良好的互动 （ ）

（13）员工能充分发挥专业自主权 （ ）

（14）采取人性化管理以提高员工的士气 （ ）

（15）致力于加强企业的凝聚力 （ ）

（16）我的资源优化配置范围在不断扩大 （ ）

（17）具有创新能力，能很好地适应市场 （ ）

（18）管理层趋于年轻化 （ ）

（19）致力于提高员工的积极性 （ ）

4.2个人绩效

（1）我总能达到和超过规定的工作目标 （ ）

（2）对自己职责内的工作作出变革并促其发展 （ ）

（3）我能有效利用企业的资源 （ ）

（4）我在时间利用方面效率很高 （ ）

（5）我能有效执行企业的决策 （ ）

（6）我有很强的工作责任感 （ ）

（7）我能有效指导我的下属 （ ）

（8）我能有效地激励员工 （ ）

（9）我能有效地协调各方面的工作 （ ）

（10）我在工作中充分尊重周围的每一个同事 （ ）

（11）我能与周围的人愉快地合作共事 （ ）

（12）我在工作中投入很大的努力 （ ）

（13）我对工作一丝不苟 （ ）

（14）我努力促成良好的工作氛围 （ ）

（15）我对目前的团队工作感到满意 （ ）

（16）我总是尽可能地去帮助别人 （ ）

（17）工作中我对人很热情 （ ）

（18）我能做到信息、技术知识的共享 （ ）

（19）致力于自己应做的工作以确保任务完成 （ ）

（20）我能有效塑造员工以符合企业要求 （ ）

4.3组织绩效

4.3.1公司级绩效

您所在企业在下列方面与同行业平均水平相比的情况：

（1）净利润率 （ ）

（2）销售利润率 （ ）

（3）经营过程中的现金流动状况（改成营业收入） （ ）

（4）投资报酬率 （ ）

（5）销售增长率 （ ）

（6）市场占有率 （ ）

（7）新产品开发绩效 （ ）

（8）市场拓展绩效 （ ）

（9）设计制造过程中的创新能力 （ ）

（10）自身运营成本 （ ）

（11）员工平均生产率 （ ）

（12）员工满意度 （ ）

（13）员工职业生涯发展前景 （ ）

（14）组织的公众社会形象 （ ）

4.3.2 职能单元绩效

请根据您所在公司或部门实际情况，（高层管理者为公司，中基层管理者为部门）指出您是否同意以下描述：

（1）本公司/部门成员工作时经常相互合作 （ ）

（2）本公司/部门成员经常交流信息 （ ）

（3）本公司/部门成员总是按时完成工作 （ ）

（4）本公司/部门成员十分关心工作质量 （ ）

（5）本公司/部门成员总是达到或超过工作要求 （ ）

（6）本公司/部门没有或很少接受投诉 （ ）

（7）本公司/部门经常得到积极的评价 （ ）

（8）绩效考评中，本公司/部门得分超过其他公司/部门 （ ）

（9）整体评价本公司/部门的绩效 （ ）

附录B 管理者前瞻性行为调查问卷

尊敬的先生/女士：

您好！非常感谢您协助我们填写此问卷，本调查旨在针对管理者前瞻性行为进行匿名调查，回答无所谓对错，请您根据自己的真实感受填答。您回答的真实性对于我们研究的准确性十分重要。

填写问卷大约需要20分钟，再次由衷感谢您的真诚合作！请务必填答每一个题目！请在相应序号的栏目打√。

第一部分：个人基本情况

（1）您的性别：□男 □女

（2）您的年龄：□25~30岁 □31~40岁 □41~50岁 □50岁以上

（3）教育程度：□大专及以下 □本科 □硕士及以上

（4）你目前所在单位性质：□国营企业 □外资企业 □合资企业 □民营企业 □其他

（5）现任职位：□一般工作人员 □基层管理人员 □中层管理人员 □高层管理人员

（6）职务类别：□正职 □副职 □其他

（7）现所在公司的人数：□20人及以下 □20~50人 □50~100人 □100~300人 □300人以上

（8）您所管辖的职能单元的人数：□1~4人 □5~9人 □10~20人 □20~50人 □50人以上

（9）您在所在单位的工作年限：□1年以下 □1~3年 □4~6年 □6~8年 □8年以上

第二部分：管理者前瞻性行为影响因素研究

下面的句子主要描述的是您在工作中的一些情况，请您仔细阅读以下每一条目，然后在相应数字序号的栏目打√。

①=非常不符合，②=比较不符合，③=不确定，④=比较符合，⑤=非常符合

序号	题项描述	非常不符合	比较不符合	不确定	比较符合	非常符合
	个人因素	——	——	——	——	——
1	看到自己不喜欢的事情，我会改变它。	①	②	③	④	⑤
2	不管成功的机会有多大，只要我相信某件事，我就会将它变为现实。	①	②	③	④	⑤
3	我一直在寻找更有效的做事情方法。	①	②	③	④	⑤
4	我工作敬业投入	①	②	③	④	⑤
5	我追求工作充实丰富	①	②	③	④	⑤
6	我的资源及成果与同事共享	①	②	③	④	⑤
7	我和同事们共同参与决策	①	②	③	④	⑤
8	我和同事间彼此信任	①	②	③	④	⑤
9	我追求卓越业绩	①	②	③	④	⑤
10	我不断超越自我	①	②	③	④	⑤
11	我乐于承担更有挑战性的工作	①	②	③	④	⑤
12	完成任务我总是胜人一等	①	②	③	④	⑤
13	我相信有竞争才促使自己加倍努力	①	②	③	④	⑤
14	面对复杂的问题，我总是尝试去解决	①	②	③	④	⑤
15	我擅长持久性学习新事物新知识	①	②	③	④	⑤
16	一旦作出计划，我将坚决执行并落到实处	①	②	③	④	⑤
17	如果第一次尝试失败，我将继续尝试直到成功	①	②	③	④	⑤
18	即使是不喜欢做的事情，我也会坚持完成	①	②	③	④	⑤
19	对我来说，坚持理想和达成目标是轻而易举的	①	②	③	④	⑤
20	有麻烦的时候，我通常能想到一些应付的方法	①	②	③	④	⑤
21	无论什么事在我身上发生，我都能够应付自如	①	②	③	④	⑤
22	我符合目前岗位的任职资格条件	①	②	③	④	⑤
23	我的能力和素质能够满足现在和未来工作的需要	①	②	③	④	⑤

续表

序号	题项描述	非常不符合	比较不符合	不确定	比较符合	非常符合
24	我全身心的投入到我的工作中	①	②	③	④	⑤
25	我感到与现在的工作紧密相联，不可分割	①	②	③	④	⑤
26	我的工作主导着我的多数人生追求与目标	①	②	③	④	⑤
组织因素		——	——	——	——	——
1	我的工作本身存在很大变数	①	②	③	④	⑤
2	我的岗位职责只能部分涵盖工作内容	①	②	③	④	⑤
3	上级会考虑我应得多少薪水的问题	①	②	③	④	⑤
4	当我的利益受到损害时，上级会为我极力挽回	①	②	③	④	⑤
5	上级在作出可能与我个人利益发生冲突的决策时，会考虑我的最大利益	①	②	③	④	⑤
6	上级会接受我改善工作条件的合理要求	①	②	③	④	⑤
7	当我的工作负荷变大时，上级会给我提供相应的人员或工具支持	①	②	③	④	⑤
8	一旦我需要某种知识和技能去完成工作，上级会很快为我安排或者争取培训机会	①	②	③	④	⑤
9	如果我需要，我总是可以从上级那里得到工作指导	①	②	③	④	⑤
10	上级会把他要提供给我的信息按照轻重缓急的顺序传达给我	①	②	③	④	⑤
11	上级对我的工作给予了公正的评估与反馈	①	②	③	④	⑤
12	上司经常因为我工作的一些小失误而批评我	①	②	③	④	⑤
13	当我遇到工作问题时，上级通常会在精神上鼓励我	①	②	③	④	⑤
14	当我的工作做得好时，上级会公开表扬我	①	②	③	④	⑤
15	上级为我在工作中的出色表现而感到骄傲	①	②	③	④	⑤
16	上级认为我对公司起了不小的作用	①	②	③	④	⑤
17	上级认为把我解雇是不小的损失	①	②	③	④	⑤
18	每个人在需要相应信息时都能及时获得，信息广泛共享	①	②	③	④	⑤
19	每个人都相信自己对公司能够产生重要影响	①	②	③	④	⑤
20	公司依靠同级部门间的控制和协作来完成工作，而不是依靠上下级间的命令	①	②	③	④	⑤

续表

序号	题项描述	非常不符合	比较不符合	不确定	比较符合	非常符合
21	领导和经理们都严格遵守公司制定的方针政策	①	②	③	④	⑤
22	公司有一个指导公司经营的明确价值理念	①	②	③	④	⑤
23	公司有一个指导员工行为的伦理标准，告诉员工对错	①	②	③	④	⑤
24	公司能对变化快速响应并能随时接受变化	①	②	③	④	⑤
25	顾客的意见和建议经常带来公司的变化	①	②	③	④	⑤
26	公司鼓励并奖励承担风险、勇于创新的员工	①	②	③	④	⑤
27	公司具有清晰的使命，指导我们工作的方法和方向	①	②	③	④	⑤
28	公司对未来有一个清晰的战略	①	②	③	④	⑤
29	员工对公司的目标具有广泛的一致性	①	②	③	④	⑤
外部因素		——	——	——	——	——
1	同类企业之间竞争强度高	①	②	③	④	⑤
2	过去5年，行业市场增长速度快	①	②	③	④	⑤
3	未来5年，行业市场可能的增长速度快	①	②	③	④	⑤
4	地方的基础设施为本企业发展提供良好的支撑	①	②	③	④	⑤
5	地方的软环境能迎合本企业的发展需要	①	②	③	④	⑤
6	有充分的分包商、咨询机构等为本企业提供帮助	①	②	③	④	⑤
7	我管辖的职能单元未来发展机会受到诸多因素的影响	①	②	③	④	⑤
8	对所辖职能单元未来发展的影响因素进行预测很困难	①	②	③	④	⑤
9	所辖职能单元未来发展的各种决策行为结果无法估计	①	②	③	④	⑤
10	我对外部环境的变化了如指掌	①	②	③	④	⑤
11	我能有效应对外部环境的变化	①	②	③	④	⑤

第三部分：管理者前瞻性行为测量研究

下面的句子主要描述的是您在工作中的一些情况，请您仔细阅读以下每一条目，然后在相应数字序号的栏目打√。

①=非常不符合，②=比较不符合，③=不确定，④=比较符合，⑤=非常

符合

序号	题项描述	非常不符合	比较不符合	不确定	比较符合	非常符合
1	我常常思考解决现实问题的方法	①	②	③	④	⑤
2	不论别人在不在工作，我都会主动工作	①	②	③	④	⑤
3	我坚信只有创新与变革组织才能生存	①	②	③	④	⑤
4	当机遇来临，我能比其他人更早抓住	①	②	③	④	⑤
5	当风险来临，我能预知并提前做好准备	①	②	③	④	⑤
6	仓促行事、慌乱应对是我最憎恶的工作方式	①	②	③	④	⑤
7	我一直在尝试提高工作质量的新方式	①	②	③	④	⑤
8	我时刻提醒自己创新与变革	①	②	③	④	⑤
9	对于我认定的事情，不管多么困难我都会坚持不懈	①	②	③	④	⑤
10	在工作中，我通常有自己的长期与近期计划	①	②	③	④	⑤
11	我经常考虑组织的长远发展问题	①	②	③	④	⑤
12	我能预测本组织的未来的绩效结果	①	②	③	④	⑤
13	当出现错误时，我会立即寻找一个解决方案	①	②	③	④	⑤
14	我擅长将问题转化为机遇	①	②	③	④	⑤
15	我相信机会属于那些有准备的人	①	②	③	④	⑤

第四部分：管理者前瞻性行为应用研究

下面的句子主要描述的是您在工作中的一些情况，请您仔细阅读以下每一条目，然后在相应数字序号的栏目打√。

①=非常不符合，②=比较不符合，③=不确定，④=比较符合，⑤=非常符合

序号	题项描述	非常不符合	比较不符合	不确定	比较符合	非常符合
	组织变革	——	——	——	——	——
1	本公司/职能单元对各种事务与人力可以进行弹性分配	①	②	③	④	⑤
2	本公司/职能单元能依员工的特点进行岗位与任务的划分	①	②	③	④	⑤
3	本公司/职能单元各部门与组织的功能发挥得当	①	②	③	④	⑤
4	本公司/职能单元实行信息化以提高工作效率	①	②	③	④	⑤

续表

序号	题项描述	非常不符合	比较不符合	不确定	比较符合	非常符合
5	本公司/职能单元会适时引进各种先进设备	①	②	③	④	⑤
6	本公司/职能单元各项工作流程能应变革需求重新进行调整	①	②	③	④	⑤
7	本公司/职能单元给员工提供各种学习和进修机会	①	②	③	④	⑤
8	本公司/职能单元员工之间能彼此分享工作和学习经验	①	②	③	④	⑤
9	本公司/职能单元采取人性化管理以提高员工的士气	①	②	③	④	⑤
10	本公司/职能单元致力于加强企业的凝聚力	①	②	③	④	⑤
11	本公司/职能单元的资源优化配置范围在不断扩大	①	②	③	④	⑤
12	本公司/职能单元具有创新能力，能很好地适应市场	①	②	③	④	⑤
个人绩效		——	——	——	——	——
1	我总能达到和超过规定的工作目标	①	②	③	④	⑤
2	我能有效利用企业的资源	①	②	③	④	⑤
3	我能有效执行企业的决策	①	②	③	④	⑤
4	我能有效地激励员工	①	②	③	④	⑤
5	我能有效地协调各方面的工作	①	②	③	④	⑤
6	我在工作中充分尊重周围的每一个同事	①	②	③	④	⑤
7	我努力促成良好的工作氛围	①	②	③	④	⑤
8	我总是尽可能地去帮助别人	①	②	③	④	⑤
9	我能有效塑造员工以符合企业要求	①	②	③	④	⑤
公司绩效（根据您所在公司与同行业平均水平对比情况填答）		——	——	——	——	——
1	净利润率高	①	②	③	④	⑤
2	销售增长率高	①	②	③	④	⑤
3	市场占有率高	①	②	③	④	⑤
4	自身运营成本低	①	②	③	④	⑤
5	员工平均生产率高	①	②	③	④	⑤
6	员工满意度高	①	②	③	④	⑤

续表

序号	题项描述	非常不符合	比较不符合	不确定	比较符合	非常符合
7	组织的公众社会形象良好	①	②	③	④	⑤
职能单元绩效（请根据您管辖的职能单元情况填答）		——	——	——	——	——
1	本职能单元成员工作时经常相互合作	①	②	③	④	⑤
2	本职能单元成员经常交流信息	①	②	③	④	⑤
3	本职能单元成员总是按时完成工作	①	②	③	④	⑤
4	本职能单元成员总是达到或超过工作要求	①	②	③	④	⑤
5	本职能单元没有或很少接受投诉	①	②	③	④	⑤
6	本职能单元经常得到积极的评价	①	②	③	④	⑤
7	绩效考评中，本职能单元得分超过其他职能单元	①	②	③	④	⑤
8	整体评价本职能单元的绩效	优秀	良好	一般	差	极差